Buttler – Mein Hobby:
Pflanzen
kennenlernen

BLV Naturführer

Mein Hobby: Pflanzen kennenlernen

Botanisieren und Geländebeobachtungen

Karl Peter Buttler

BLV Verlagsgesellschaft
München Wien Zürich

CIP-Kurztitelaufnahme der Deutschen Bibliothek

Buttler, Karl Peter:
Mein Hobby: Pflanzen kennenlernen:
Botanisieren u. Geländebeobachtungen /
Karl Peter Buttler. – München; Wien; Zürich:
BLV Verlagsgesellschaft, 1983.
(BLV Naturführer; 130/131)
ISBN 3-405-12823-4

NE:GT

Bildnachweis:

Andratschke: 74, 77, 81 r, 83, 85; Apel: 33 r, 52 Mu, 128; Clos: 37 u, 95, 138, 166; Daudt: 39, 41 ul; Eisenbeiss: 15 r, 81 l; Eisenreich: 8, 18, 41 ur, 53 u, 66, 67 l, 154; Elfner: 22; Ernst: 38 o, 162; Ewald: 70; König: 36, 37 o; Pfletschinger: 42 l; Pforr: 23, 41 ol, 41 or, 53 o, 152; Pott: 16, 38 u, 48, 52 o, 53 Mu, 67, 112, 147, 148, 161; Reinhard: 15 l, 20, 105, 107, 163; Schimmitat: 55 r, 168, 169; Schippmann: 68; Schrempp: 12, 33 l, 35, 53 M, 72, 100, 151, 157; Seidl: 140; Seidlitz: 52 Mo, 52 u, 53 Mo; Spönlein: 123; Wolfstetter: 34, 42 r, 59, 91, 119; Wothe: 2; Zielonkowski: 55 l, 65, 127, 143, 145, 150.
Titelfoto: W. Eisenreich; Frühlingsaspekt in einem Laubwald mit Busch-Windröschen, Lerchensporn und (kleines Foto) Scharbockskraut
Foto S. 2: Wiesen-Storchschnabel

Ausschnitte aus den Topographischen Karten 1:25000 S. 60 und S. 121 mit Genehmigung des Bayerischen (Blatt Nr. 8237) und Hessischen Landesvermessungsamtes (Blatt Nr. 5420); Vervielfältigungsnummer 5353-83 und 83-1-091

Grafiken: Hermut Geipel

BLV Naturführer 130/131

Satz und Druck: Georg Appl, Wemding
Bindung: Großbuchbinderei Monheim

Printed in Germany · ISBN 3-405-12823-4

Inhaltsverzeichnis

Inhaltsverzeichnis

Vorwort

Immer mehr Liebhaber beschäftigen sich in ihrer Freizeit mit der Welt der Pflanzen und finden dabei Anregung, Freude und Entspannung zugleich. Wer den Schritt zur »Scientia amabilis«, der liebenswerten Wissenschaft, wie die Botanik auch genannt wird, einmal getan hat, der wird selten wieder von ihr loskommen.

Die Interessen mögen anfangs sehr verschieden sein: Wanderungen vielleicht, oder die Absicht, Kräuter und Früchte nicht mehr im Supermarkt zu kaufen, sondern selbst zu sammeln, oder auch der Wunsch, mehr von den biologischen Zusammenhängen zu verstehen, die heute diskutiert werden. Meist möchte man dann zuerst die Namen der Pflanzen kennenlernen, um überhaupt zu wissen, welche Formen draußen wachsen. Dabei werden vielfältige andere Interessen geweckt, man will mehr erfahren vom Leben der Pflanzen und von ihren Beziehungen zur Umwelt.

Viele Hobbybotaniker haben sich bei ihrer Freizeitbeschäftigung beachtliche Kenntnisse angeeignet. Sie kennen die heimische Flora oft besser als ihre Berufskollegen, die in anderen Bereichen der Botanik spezialisiert sind. Hobbybotaniker sind daher bei Forschungsvorhaben als Mitarbeiter stets willkommen, viele wirken z. B. bei der Kartierung der heimischen Flora und bei den phänologischen Beobachtungen mit.

Mit dem Verständnis für die Pflanzen und die Umwelt überhaupt wächst die Einsicht, daß Pflanzen zu kennen auch heißt, für sie verantwortlich zu sein. Welchen Sinn hat die eigene Beschäftigung, wenn durch andere verursacht Pflanzen und Standorte verschwinden? Hobbybotaniker engagieren sich daher vielfach im Naturschutz und helfen auf diese Weise mit ihrem Wissen, Flora und Vegetation zu erhalten. Dabei soll dieses Buch Anregung und Hilfestellung geben.

Pflanzen bestimmen

Pflanzennamen

Aus welchen Gründen auch immer man sich mit Pflanzen beschäftigt, am Anfang entsteht das Bedürfnis, Namen für die Pflanzen zu wissen, mit denen man es zu tun hat. Die Benennung ist die Grundlage für jede weiterführende Betätigung, die über die Freude an den ästhetisch schönen Formen der Pflanzenwelt hinausgeht. Ohne einen passenden Namen gelingt es weder, sich einen Fund und alle damit verknüpften Beobachtungen einzuprägen, noch sich darüber mit anderen zu verständigen.
Einen Grundstock an Pflanzennamen lernt man beiläufig im Alltagsleben. Wer sich mit offenen Augen in der Natur umsieht, wird jedoch schnell merken, daß es viele Pflanzen gibt, die er nicht zu benennen weiß, und umgekehrt werden ihm sicher häufig auch Namen einfallen, mit denen er keine Pflanze in Verbindung bringen kann. Der Interessierte muß sich daher zunächst einmal Namen und Formenkenntnis aneignen, wofür ihm einige Wege offen stehen.
Die Pflanzennamen, die wir zuerst lernen, sind die Bezeichnungen in der deutschen Sprache. Sie sind aber nicht sonderlich gut für die Verständigung geeignet. Denn für ein und dieselbe Pflanze existieren oft zahlreiche Namen, oder mit einem Namen werden verschiedene Pflanzen bezeichnet. Wenn man diesen Problemen aus dem Weg gehen will, verwendet man die wissenschaftlichen Pflanzennamen (siehe S. 172).

Eine bunte Wiese mit reicher Flora regt zum Betrachten und Bestimmen der Arten an.

Wie bestimmen?

Unbekannte Pflanzen kann man entweder selbst bestimmen oder man kann sie sich von einem Kenner erklären lassen. Der erste Weg ist im allgemeinen der mühsamere, hat aber einen Vorteil:

> Gewöhnlich haftet das besser im Gedächtnis, was man sich selbst erarbeitet hat – und man erfährt beim Bestimmen noch Näheres zur Pflanze.

Ein Nachteil des autodidaktischen Weges ist, daß nicht immer die Möglichkeit besteht, das Ergebnis der Bestimmung zu überprüfen. Wer schon fortgeschritten ist und auf seine ersten Bestimmungsversuche zurückblickt, erinnert sich meist auch an einige Fehlbestimmungen, denen er für mehr oder weniger lange Zeit aufgesessen ist. Solche Irrtümer lassen sich schnell richtigstellen, wenn man seine Er-

fahrungen mit anderen Hobbybotanikern austauscht.
Bei der selbständigen Bestimmung von Pflanzen bedient man sich der zahlreichen Bücher, die es für diesen Zweck gibt (s. S. 182f.).
Es sei an dieser Stelle noch auf eine weitere Möglichkeit zum Pflanzenkennenlernen hingewiesen, die allerdings aus geographischen Gründen nicht von jedem genutzt werden kann: die botanischen Gärten. Hier sind die Pflanzen mit Namen versehen, und man kann sich die Arten in Ruhe einprägen. Hilfreich ist vor allem ein Gang durch die systematischen Abteilungen, die sogenannten »Systeme«, wo verwandte Arten nebeneinander angebaut werden und direkt verglichen werden können. In der Natur hat man es selten so bequem.

Bestimmungsbücher

Schwieriger als das Bestimmen selbst ist am Anfang die Auswahl der geeigneten Literatur. In den Buchhandlungen werden Dutzende verschiedener Bestimmungsbücher angeboten, die sich in Aufmachung, Umfang und Preis stark unterscheiden. Welche aber sind geeignet?
Für den noch wenig Geübten sind, abgesehen vom Preis, vor allem zwei Kriterien wichtig:

- **Anschaulichkeit** Sind die Merkmale zum Erkennen der Arten genau, ausführlich und zugleich verständlich beschrieben und durch gute Abbildungen verdeutlicht?
- **Vollständigkeit** Ist der Pflanzenbestand eines Gebietes (= Flora) vollständig erfaßt?

Wer noch wenige Pflanzen kennt, kommt mit Abbildungen zweifellos besser zurecht als mit Texten. Das Wiedererkennen einer Art nach einem Foto oder einer Zeichnung ist einfacher, als sich bei der Bestimmung durch einen Text zu arbeiten, der knapp gehalten ist und in dem noch nicht geläufige Fachwörter verwendet werden.

Das Für und das Wider der »Bilderbücher«

Trotz der unbestrittenen didaktischen Vorteile, die Abbildungen haben, wird über den Wert bebilderter Bestimmungsbücher oft diskutiert. Sie seien unwissenschaftlich und daher unbrauchbar, wird von den Gegnern angeführt. Doch diese Einschätzung ist zweifellos einseitig und übertrieben, sie trifft nur auf diejenigen Bildbände zu, die mit schönen Fotos auf Effekte aus sind und sonst wenig zu bieten haben. Neben diesen gibt es aber empfehlenswerte Bücher, deren Abbildungen mit Sorgfalt ausgewählt sind. Denn nicht auf den Schaueffekt

Typen der Bestimmungsschlüssel

Die Schlüssel können nach 2 grundsätzlich verschiedenen Prinzipien konstruiert werden:

- nach systematischen Gesichtspunkten

Die Alternativen des Schlüssels werden mit Merkmalen gebildet, welche die abgestufte Verwandtschaft der Arten ausdrücken. Beim Bestimmen wird die Gesamtheit der Arten, die Flora, in aufeinander folgenden Schritten in immer kleinere Verwandtschaftskreise geteilt, bis man schließlich bei der Art anlangt. Die Teilschlüssel folgen dem Schema: Hauptgruppen → Familien → Gattungen → Arten.

- nach technischen Gesichtspunkten

Manchmal ist es günstiger, anstatt systematischer Merkmale solche allein technischen Charakters zu verwenden, da sie auffälliger sind und sich mit ihnen besser bestimmen läßt. Mögliche Kriterien sind die Blattform und -stellung, die Blütenfarbe, der Bau der Pflanzen (verholzt/nicht verholzt), der Standort (Wasser-/Landpflanzen) und andere. Diese Schlüssel geben keinen Hinweis auf Verwandtschaftsbeziehungen.

kommt es zuerst an, sondern auf die Darstellung der charakteristischen Erkennungsmerkmale. Daher sind Zeichnungen, die das Charakteristische hervorheben, oft Fotos überlegen, die ohne genügend Sachverstand aufgenommen wurden.

Wer den Standard eines bebilderten Bestimmungsbuches prüfen will, soll auch den begleitenden Text lesen. Je informativer die ergänzenden Angaben sind, um so sicherer wird man eine Pflanze ansprechen können.

Abbildungen haben allerdings zwei Nachteile: Sie vermitteln oft schlecht die tatsächliche Größe einer Pflanze, und sie geben keinen Hinweis auf die Variation einer Art. Beides sollte im Text erläutert sein.

Ein Einwand, der schwerer wiegt, betrifft die Artenauswahl. Leider sind in einigen der an sich brauchbaren Bücher nicht alle Arten abgebildet oder wenigstens erwähnt. Wie will man wissen, ob man gerade die aufgenommene Art vor sich hat oder vielleicht doch eine ähnliche, nicht genannte? Solche Unsicherheiten bergen die Gefahr, daß man sich für eine Pflanze den falschen Namen einprägt.

Wie kann man die angesprochenen Probleme umgehen und dabei doch auf möglichst einfache Weise die Artenkenntnis erweitern?

Der beste Weg ist, zwei Bestimmungsbücher nebeneinander zu benutzen: eines mit Abbildungen und eine sogenannte »Flora«.

Im ersten sucht man zuerst ein zur Pflanze passendes Bild, in der zweiten vergleicht man dann die Beschreibung und überprüft, ob der gefundene Name in Frage kommt. Während Erfahrung und Kenntnisse anwachsen, wird man mehr und mehr den umgekehrten Weg beschreiten, d. h. mit einer Flora bestimmen und das Ergebnis am Bild überprüfen.

Bestimmungs-Flora

Die Gesamtheit aller Pflanzen-Arten eines Gebiets wird als Flora bezeichnet. Dieser Begriff wird oft auch im übertragenen Sinn benutzt für Bücher und Listen, in denen alle Arten des Gebiets verzeichnet sind. Die Bestimmungs-Floren, von denen hier die Rede sein soll, sind demnach das geeignete Hilfsmittel zum Kennenlernen der Arten, weil das Kriterium der Vollständigkeit erfüllt ist.

Ihnen gleichwertig sind Bücher, die bestimmte Pflanzengruppen behandeln, dies meist ausführlicher, als es in einer normalen Flora möglich ist. Solche Spezialbücher gibt es für Gruppen, die besonders im Blickpunkt der Liebhaber oder der

Die Bestimmung des Märzenbechers (*Leucojum vernum*, Abb. oben) ist rechts am Beispiel aus Schmeil-Fitschen: Flora von Deutschland (Quelle & Meyer) dargestellt. Mit aufeinanderfolgenden Schlüsseln werden Familie, Gattung und Art bestimmt.

angewandten Botaniker stehen: für Orchideen, Farne, Gehölze, Gräser und andere mehr.

Die Floren enthalten Bestimmungsschlüssel zur Identifizierung der Arten. Diese Schlüssel sind zweigliedrig, d. h. dichotom aufgebaut: Man muß sich jeweils zwischen zwei Möglichkeiten entscheiden und wird so Schritt für Schritt auf nachfolgende Alternativen hingeführt, bis man schließlich zur Art gelangt. An einem Beispiel auf S. 13 ist das Verfahren dargestellt.

Wer sich etwas Zeit nimmt, kann sich von der Brauchbarkeit einer Flora selbst überzeugen, ohne daß er besondere Pflanzenkenntnisse haben muß. Er braucht nur die Schlüssel genau anzusehen. Sind die Alternativen klar formuliert, führen sie auch sicher zum Ziel. Ent-

TABELLE IV

Einkeimblättrige Pflanzen, **Monocotyledóneae**

1. Land-, Sumpf- od. auch Wasserpfl., die mit ihren Stg. u. Blätt. zum größten Teil od. ganz aus dem Wasser herausragen *6*

— Untergetaucht lebende od. mit Schwimmblätt. versehene Wasserpfl. (nur bei der rosettenbildenden *Stratiotes* ragen die Blätt. z. Bltzt. teilw. aus dem Wasser heraus) *2*

⋮

6(1). Bltn. in kugeligen Köpfchen *(166–167),* Dolden od. keulenf. od. walzl. *(165),* zuw. fleischigen u. dann von einem Hochblatt (Spatha, *163–164,* Spa) umgebenen Kolben *21*

— Bltn. nicht in kugeligen Köpfchen, Dolden od. Kolben (nur bei *Zea mays,* S. 575, stehen die ♀ Bltn. in Kolben) *7*

7. Bltnhüllblätt. klein, meist nicht über 5 mm lg., gelbgrünl., weiß, bräunl., oft nur in Form von schuppenf. Blätt. (Spelzen, *161*), Borsten od. Haaren vorhanden od. ganz fehlend *14*

— Bltnhüllblätt. meist größer als 5 mm und meist auffälliger, gefärbt, seltener gelbl.-grün *8*

8. Frkn. oberst. *12*

— Frkn. unterst. *9*

9. Bltn. zygomorph (unregelmäßig, *158*) *11*

— Bltn. radiär (regelmäßig, *79*) *10*

10. Stbblätt. 3; Griffeläste oft blumenblattart. . . . . **Iridaceae,** 491

— Stbblätt. 6 . . . . **Amaryllidaceae,** 490

Familie: **Amaryllidáceae,** *Narzissengewächse*

Zwiebelstauden; Blütenbau wie bei *Liliaceae,* Frkn. jedoch unterständig.

1. Perigonblätt. ausgebreitet, mit lg.-röhriger od. kurz schüsself. Nebenkrone; Bltn. ± aufrecht bis absthd. . . . . **Narcissus,** 490

— Perigonblätt. glockenf. zusammenneigend, ohne Nebenkrone; Bltn. nickend *2*

2. Perigonblätt. fast gleichlg. an der Spitze gelbl. od. grünl. gefleckt **Leucojum,** 490

— Äußere Perigonblätt. fast doppelt so lg. wie die an der Spitze grün gefleckten inneren . . . . **Galanthus,** 490

---

2. Leucójum L., *Knotenblume, Märzenbecher* Ⓖ

1. Infl.stiel 1-, selten 2-bltg. 10–35 cm hoch; ♃; II–IV. Feuchte Laubwälder, Bergwiesen; *z,* stellenw. häufig (im N nur verwild.).

Ⓖ *Frühlings-K.,* **L. vérnum** L.

— Infl.stiel 3- bis 7-bltg., 35–60 cm hoch; ♃; IV–V. Feuchte, nasse Wiesen; ursprüngl. nur im SW (Schw., Ob-Rheintal, Pf?), sonst nur verwild.

Ⓖ *Sommer-K.,* **L. aestívum** L. ssp. **aestívum**

halten sie dagegen keine echten Gegensätze oder überlappen sich die angegebenen Meßbereiche, weist das auf mangelnde Sorgfalt bei der Anfertigung des Schlüssels hin – zum Ärgernis des Benutzers, der dann nicht weiß, wo er fortfahren soll.

Hinweise für das Bestimmen
Selbst in einem gut angelegten Bestimmungsschlüssel wird man zuweilen auf Alternativen stoßen, wo die Entscheidung schwer fällt oder nicht möglich ist. Das mag an der Pflanze liegen, die das gefragte Merkmal nicht zeigt, wenn sie z. B. fruchtet und nach roten oder weißen Blüten im Schlüssel fortzufahren ist. Das mag aber auch am Schlüssel liegen. Denn manche Eigenheiten der Pflanzen sind nur schwierig in Worte zu fassen und umgekehrt nach einer Beschreibung kaum wiederzuerkennen. Man braucht deshalb nicht gleich aufzugeben. Man verfolgt in diesem Fall beide Möglichkeiten im Schlüssel weiter. Welche falsch ist, stellt sich meistens nach wenigen Schritten heraus, wenn beide Fragen einer Alternative nicht zutreffen. Man kann dieses Verfahren sogar bewußt während eines langen Bestimmungsvorgangs einsetzen, um sich abzusichern, und verfolgt dabei kurz den unwahrscheinlichen Weg, bis er in einer Sackgasse endet. Ein anderes Hilfsmittel weiterzukommen ist, Merkmale außerhalb des Schlüssels zu berücksichtigen. Hierher gehören Bücher mit Abbildungen, worüber oben gesprochen wurde. Doch auch in der benutzten Flora gibt es Möglichkeiten, falls man schon dem Ziel nahe ist und nur zwischen wenigen Arten zu entscheiden hat. Dann sollte man die Angaben zur Verbreitung, zum Standort und zur Blütezeit durchsehen, ob sie vielleicht Hinweise auf die Art liefern. Der Fund einer Art wird unwahrscheinlich, wenn eines oder alle diese Kriterien nicht zutreffen – doch Vorsicht, sicher sind solche Hinweise nie! Man verfolgt den Schlüssel rückwärts von der vermuteten Art ausgehend und prüft, ob man zu der Alternative gelangt, wo der Hinweg stockte.

Vorkenntnisse verwenden Wer schon Erfahrungen gesammelt hat, braucht in der Bestimmungs-Flora nicht jedes Mal ganz vorn zu beginnen. Die Regel lautet:

Dort beginnen, wo das eigene Wissen aufhört.

Oft sind die Merkmale der Familie klar und sicher zu erkennen (siehe dazu die Übersicht ab S. 26) oder gar die der Gattung wie beim Veilchen (*Viola,* Abb. rechts oben) und der Rose *(Rosa).* Man kann dann im Familien- bzw. Gattungsschlüssel beginnen.

Veilchen erkennt ein jeder – beim Bestimmen beginnt man daher sofort im Artenschlüssel. Links das Sumpf-Veilchen *(Viola palustris)* und rechts das Hain-Veilchen *(V. riviniana).*

Informationen in Bestimmungs-Floren Eine gute Flora enthält neben Schlüsseln und Namen weitere Angaben und ermöglicht dadurch das nähere Kennenlernen der Arten. In den Taschenfloren, die für die Benutzung im Gelände gedacht und handlich sind, werden die Informationen aus Platzgründen meist in abgekürzter Form angegeben. Es ist in jedem Fall lohnend, sich damit vertraut zu machen. Beim Bestimmen kann man sich auf diese Weise zusätzliches Wissen aneignen und sein Verständnis für die Lebensumstände der Arten vertiefen.
Üblich sind in guten Floren Angaben zu: Standort, Verbreitung, Lebensform, Blütezeit, Chromosomenzahl, Naturschutz, bei Nichtheimischen zur Herkunft und bei Heilpflanzen zum Giftgehalt und zur Verwendung.
Bestimmungsprobleme Abgesehen von technischen Schwierigkeiten im Umgang mit den Schlüsseln können Bestimmungsprobleme auch mit der Biologie der Arten zusammenhängen. Viele Arten sind im Aussehen variabel. Formen, die vom Durchschnitt der Art stärker abweichen und als Varianten bezeichnet werden, sind einerseits schwierig im Schlüssel zu erfassen und andererseits schwierig zu erkennen. In einer guten Flora ist darauf von Fall zu Fall hingewiesen. Auch kann es vorkommen, daß man auf Pflanzen trifft, die noch nicht ausreichend wissenschaftlich erforscht sind. Selbst in Mitteleuropa ist das möglich. Da ein Bestimmungsbuch nicht besser sein kann als der Stand der systematischen Wissenschaft, wird dann der Schlüssel ungenau sein, das Bestimmungsergebnis wird nicht befriedigen. Wer Anreiz verspürt, kann sich mit der betreffenden Pflanzengruppe näher befassen.

Artenreichtum

Niemand soll sich vom Artenreichtum der heimischen Flora ab-

schrecken lassen. Der Anfang ist gar nicht so schwierig, denn man wird mit den Arten sowieso nur nach und nach bekannt. Man kann sich langsam einarbeiten.
Mit wieviel Arten ist zu rechnen? In Mitteleuropa wachsen in einem Gebiet von etwa 130 km², was der Fläche eines Blattes der topographischen Karte 1:25000 oder einem Umkreis von 6,5 km entspricht, durchschnittlich 600–800 Arten von Samenpflanzen. Das ist ein Viertel der Flora der Bundesrepublik. Von diesen Arten sind aber nur etwa 200 verbreitet und häufig, also überall anzutreffen. Die anderen kommen zerstreut oder selten vor, man findet sie teils erst nach langer und gezielter Suche. Die Fülle ist dadurch auf ein gut zu bewältigendes Maß beschränkt. Je nach Engagement können 1–2 Vegetationsperioden genügen, um sich einen soliden Grundstock an Formenkenntnis anzueignen.
Dazu kommt ein weiteres, subjektives Moment, das anfangs die Einarbeitung erleichtert: Man nimmt nicht alle Arten wahr, weil für sie der Blick noch nicht geschärft ist. Hat man eine Art erst einmal »begriffen«, stellt man danach mit Erstaunen fest, an wie vielen Wuchsorten man sie vorher übersehen hat.

Das Knaulgras *(Dactylis glomerata)* ist in fast ganz Mitteleuropa häufig.

Hilfe von anderen

Wer mit einer Pflanze nicht zu Rande kommt, braucht sich davon keineswegs entmutigen zu lassen. Auch versierte Pflanzenkenner stehen immer wieder einmal ratlos vor einem kritischen Exemplar. Unbedingt empfehlenswert ist es, die Zusammenarbeit mit anderen Hobbybotanikern zu suchen. Dabei klären sich nicht nur manche Bestimmungsprobleme, indem jeder seine unterschiedlichen Erfahrungen in das Gespräch einbringt, sondern man hat auch sonst vielerlei Nutzen. Man wird z. B. auf Merkma-

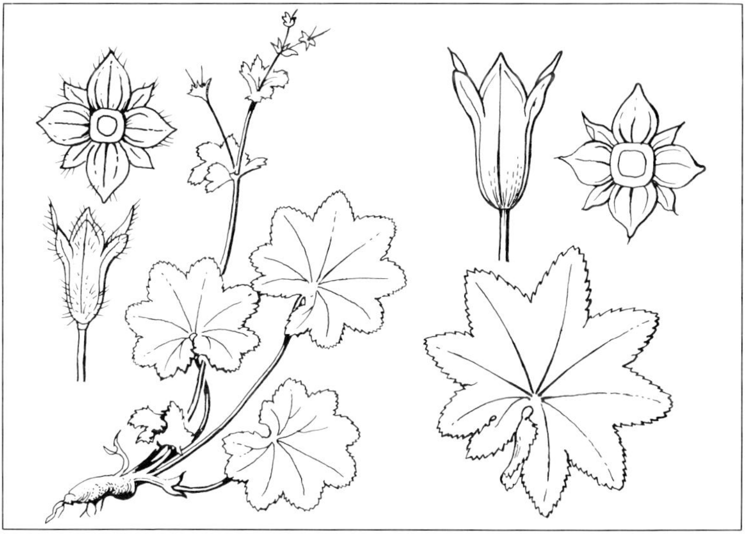

Nur ein Spezialist kann die Arten der Gattung Frauenmantel *(Alchemilla)* sicher bestimmen. Sie unterscheiden sich in Details wie Haarkleid und Blattschnitt. Zwei häufigere Arten sind *A. monticola* (links) und *A. acutiloba* (rechts). (Nach W. Lippert und H. Merxmüller).

le aufmerksam gemacht, die einem neu sind und vielleicht nicht in Bestimmungsbüchern stehen, oder man erfährt Fundorte von Arten, die man sich gern ansehen möchte.

Spezialisten

In zweifelhaften Fällen ist es oft die letzte Rettung, sich an einen Spezialisten zu wenden. Dies sollte man ohne Hemmungen tun. Wer Spezialkenntnisse für eine Pflanzengruppe erworben hat, gibt sein Wissen gern weiter und hilft denen, die nicht Gelegenheit und Zeit zur langwierigen Einarbeitung haben.

Manche Formenkreise mit ähnlich aussehenden und schwierig zu unterscheidenden Arten, deren wissenschaftliche Bearbeitung zum Teil noch nicht abgeschlossen ist, können überhaupt nur vom Spezialisten sicher bestimmt werden, etwa Frauenmantel *(Alchemilla),* Habichtskraut *(Hieracium),* Gold-Hahnenfuß (*Ranunculus-auricomus*-Verwandte) und einige andere. Daneben gibt es Gattungen, die zwar an sich als geklärt gelten, die aber »bestimmungskritisch« sind, weil die Unterscheidungsmerkmale der Arten so subtil sind, daß ihre

Pflanzen bestimmen

Beobachtung einem Wenigerfahrenen Probleme bereitet. Hierzu zählen z. B. manche Süß- und Sauergräser (*Poaceae, Cyperaceae*), Augentrost *(Euphrasia)*, Rose *(Rosa)* und Vergißmeinnicht *(Myosotis)*. Den Spezialisten sollte man ansprechen, wenn man mit ihm zusammen auf Exkursion ist, und sich Arten und Merkmale erklären lassen. Gewöhnlich ist er aber nicht zur Stelle, wenn er benötigt wird. Dann hilft nur das Sammeln von Herbarbelegen (siehe S. 72), welche man später zur Bestimmung verschickt. Weniger günstig ist der Versand frischer Pflanzen in Plastiktüten, da sie oft in unbestimmbarem Zustand ankommen.

»Bestimmungskritisch« sind die Augentrost-Arten *(Euphrasia)*. Abgebildet ist der drüsige Großblütige Augentrost *(E. rostkoviana)*.

Die Zentralstellen der floristischen Kartierung geben Auskunft darüber, ob für eine Pflanzengruppe ein Spezialist bekannt ist und wer das ist. Ihm kann man nach vorheriger Anfrage die ungeklärten Belege schicken. Doch niemand sollte Wunder erwarten. Nicht jedes einzelne Exemplar ist zu bestimmen. Gerade bei systematisch schwierigen Formenkreisen ist der richtige Sammelzeitpunkt einzuhalten. Wurde ein Beleg zur falschen Jahreszeit mitgenommen, zeigt er nicht die zum Erkennen typischen Merkmale und die Bestimmung ist von vornherein aussichtslos.

Bestimmungserfahrungen

Wer Pflanzenkenntnisse erwirbt, durchläuft gewöhnlich drei Phasen, wie er seine eigenen Fähigkeiten jeweils einschätzt: Anfangs überwiegt das Gefühl der Unsicherheit, man fühlt sich von der Formenfülle überwältigt. Mit zunehmender Erfahrung wächst dann die Sicherheit, bis man schließlich glaubt, alle Arten genau zu kennen. Darauf folgt, je mehr man von Problemfällen erfährt, eine gewisse Ernüchterung, man wird wieder vorsichtiger und gibt zu mancher Pflanze lieber kein Urteil ab.

Pflanzensystematik

Ihre Hilfen für den Hobbybotaniker

Nehmen wir eine Bestimmungs-Flora zur Hand und machen wir uns einige Gedanken zum Inhalt und zur Entstehung des Buches! Wir finden darin beim Durchblättern die Pflanzenarten beschrieben und aufgelistet, jeweils mit einem Namen bezeichnet und in bestimmter Reihenfolge angeordnet. Arten werden in Gattungen und diese in Familien zusammengefaßt. Damit ist bereits die Tätigkeit desjenigen Teilbereichs der Botanik grob umrissen, der die Grundlagen für das Bestimmungsbuch geliefert hat:

- Die **systematische Botanik** (oder auch kurz Systematik genannt, wenn der Zusammenhang eindeutig ist) untersucht, welche Arten es gibt, wie sie aussehen und wie sie miteinander verwandt sind, d. h. durch welche Gemeinsamkeiten bzw. Differenzen sie ausgezeichnet sind.
- Auf diesen Erkenntnissen aufbauend legt die Ordnungslehre, die **Taxonomie,** fest, wie die Artenvielfalt sinnvoll zu ordnen ist und wie die gegenseitigen Beziehungen der Arten darzustellen sind.
- Die Lehre von der Namengebung, die **Nomenklatur,** schließlich schreibt die Regeln vor, nach denen die Pflanzen wissenschaftlich benannt werden.

Für den Wissenschaftler steht die systematische Problematik im Vordergrund. Er wird, wenn er eine Pflanzengruppe untersucht, als erstes klären, welche Arten unterschieden werden können. Danach überlegt er, wie sich die Arten gruppieren lassen, und zuletzt macht er sich Gedanken über die Namengebung.
Für den Hobbybotaniker ist der Kontakt zu den Forschungsrichtungen eher umgekehrt. Mit den Namen hat er alltäglich zu tun, dagegen haben für ihn taxonomische und besonders systematische Fragen eine untergeordnete Bedeutung. Wer Näheres über die Grundlagen der Systematik erfahren will, kann darüber ab S. 169 nachlesen.

Was ist eine Art?

Wer Pflanzen bestimmt, wer über Flora und Vegetation nachliest oder sich unterhält, der hat stets mit dem Begriff der Art zu tun. Die Arten sind die Bausteine, die bei der Beschreibung und Einteilung der Pflanzenwelt verwendet werden. Was aber ist darunter zu verstehen, woran erkennt man sie?
Wie eine Art gekennzeichnet ist, läßt sich aus dem Inhalt der Bestimmungschlüssel ableiten. Gefragt wird nach äußerlich sichtbaren Merkmalen – und dem entspre-

chend ist die Art durch das Aussehen der Pflanzen, also durch deren äußeren Bau und deren Gestalt charakterisiert. Eine Art ist keine Einzelpflanze, sondern umfaßt eine Gruppe von Pflanzen, bei denen die Merkmale gleich ausgebildet sind (siehe S. 169).
Der Wissenschaftszweig, der Bau und Gestalt der Pflanzen erforscht, ist die Morphologie. Ihr kommt die entscheidende Rolle bei der Beschreibung und Unterscheidung der Arten zu.
Auf morphologische Details sowie auf die Fachwörter wird hier nicht eingegangen. Jedes gute Bestimmungsbuch besitzt ein entsprechendes Glossar, in dem die Grundbegriffe erklärt sind.

Verwendung systematischer Ergebnisse

Wenn auch der Hobbybotaniker anfangs nicht in der Systematik Bescheid wissen muß, so kann er sich trotzdem einiger ihrer Forschungsergebnisse bedienen, um seine Pflanzenkenntnisse schneller und einfacher zu erweitern.
Vorkenntnisse erleichtern das Bestimmen (siehe S. 14). Praktische Bedeutung hat dabei vor allem der wissenschaftliche Befund, daß die Pflanzenarten miteinander verwandt sind: Die heute lebenden

Keulen-Bärlapp *(Lycopodium clavatum).* Die Bärlappe gehören zu den ältesten Landpflanzen. Sie sind fossil seit dem Devon belegt.

Pflanzen stammen von gemeinsamen Ahnen ab, die während früherer Erdepochen gelebt haben und längst ausgestorben sind. Je nach dem Verwandtschaftsgrad besitzen die Arten gemeinsame Merkmale, und zwar um so mehr, je näher sie verwandt sind. Wer die gemeinsamen Merkmale kennt, kann daher sofort auf den Verwandtschaftskreis schließen und erspart sich einen Teil des Bestimmungsschlüssels.
Und so sollen anschließend einige Verwandtschaftskreise mit ihren charakteristischen Merkmalen besprochen werden. Die Übersicht soll und kann lediglich dabei helfen, die Arten der heimischen Flora schon grob vorzusortieren, bevor man sich mit ihnen im einzelnen beschäftigt.

Wer so vorgeht, hat nicht nur den praktischen Nutzen des schnellen Bestimmens, sondern er lernt außer den Arten gleichsam nebenbei auch etwas über deren Beziehungen zueinander. Beides ergänzt sich hervorragend. Je umfassender die eigene Pflanzenkenntnis wird, umso häufiger wird man mit dem Bestimmen bereits bei der Familie oder bei der Gattung beginnen können.

Die Hauptgruppen der Gefäßpflanzen

Wer zum Bestimmen einer unbekannten Pflanze eine Bestimmungs-Flora benutzt, der findet am Beginn des Buches, meist im ersten Schlüssel, die Frage nach den Hauptgruppen. Diese entsprechen den großen Verwandtschaftskreisen, die im Verlauf der Entwicklung (Evolution) des Pflanzenreiches entstanden sind.

Die Hauptgruppen der Gefäßpflanzen in der heimischen Flora

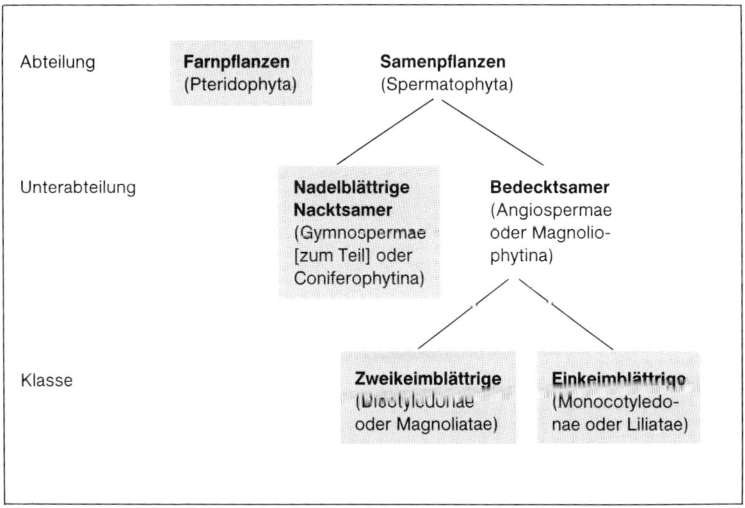

Die Hauptgruppen sind nach Rangstufen angeordnet (siehe S. 171). Sie sind jeweils mit den deutschen und in Klammern den wissenschaftlichen Namen angeführt. Die Zugehörigkeit zur übergeordneten Hauptgruppe ist durch Verbindungslinien markiert. Die unterlegten Hauptgruppen sind in der Übersicht auf S. 24f. mit ihren charakteristischen Merkmalen dargestellt.

Pflanzensystematik

Die Hauptgruppen sind durch den Bau ihrer Fortpflanzungsorgane und durch die Art der Fortpflanzung eindeutig charakterisiert. Aber gerade das sind Eigenschaften, die nicht an jeder Pflanze direkt zu sehen sind. Man muß dann andere, indirekte Merkmale heranziehen, was auch gut möglich ist. Am besten prägt man sich zuerst das allgemeine Erscheinungsbild der Hauptgruppen ein und untersucht die Eigenheiten der Fortpflanzung später, wenn man die Arten schon kennt.

Einen kleinen Nachteil bringt die Verwendung indirekter Merkmale allerdings mit sich: Sie sind weniger sicher für die Bestimmung, weil es in jeder Hauptgruppe einige Ausnahmen gibt. Auf diese wird in der Übersicht auf S. 24 f. aufmerksam gemacht.

Artenzahl der Hauptgruppen In der heimischen Flora gehören die meisten Arten zu den Zweikeimblättrigen. Eine kleinere Gruppe, was die Anzahl betrifft, sind die Einkeimblättrigen, nicht aber was die Bedeutung betrifft, denn hierher gehören die Gräser *(Poaceae)*, die über weite Flächen die Landschaft prägen.

Weit geringeren Umfang haben die Farnpflanzen und die nacktsamigen Samenpflanzen. Die letzte Gruppe ist ebenfalls optisch auffälliger, sie umfaßt die Nadelgehölze.

Die wichtigsten Familien
Das Bestimmen ist wesentlich einfacher und geht auch viel schneller, wenn man sofort die Familie weiß. Für das praktische Vorgehen heißt das zweierlei:

- Man informiere sich vorab über die Merkmale der wichtigsten Familien.
- Man sehe sich die Pflanze vor dem Bestimmen in Ruhe an und prüfe, ob man nicht schon Bekanntes entdeckt.

Die Familien der heimischen Flora sind unterschiedlich leicht zu erkennen. Neben solchen mit konstanter Merkmalskombination, die man sozusagen »auf den ersten

Das Maiglöckchen *(Convallaria majalis)*, eine typische Einkeimblättrige mit dreizähligen Blüten (2 × 3 Kronblätter sind zu erkennen) und parallelnervigen Blättern.

Das Kriechende Fingerkraut *(Potentilla reptans)*, eine typische Zweikeimblättrige mit fünfzähligen Blüten und fiedernervigen Blättern.

Blick« ansprechen kann, gibt es andere mit veränderlichem Erscheinungsbild. Das heißt jedoch nicht, daß für die Arten der Familie keine gemeinsamen Merkmale vorhanden wären, nur sind sie variabler und weniger augenfällig und gewöhnlich erst dann zu bemerken, wenn man schon reichlicher Erfahrung gesammelt hat. Glücklicherweise gehören die meisten der artenreichen Familien zu denen, die gut zu identifizieren sind.
Die wichtigsten Familien der Zweikeimblättrigen (siehe S. 26ff.) und der Einkeimblättrigen (siehe S. 30f.), die zusammen die Gruppe der bedecktsamigen Samenpflanzen bilden, sind in getrennten Übersichten kurz besprochen und jeweils mit einer charakteristischen Art illustriert. Erfaßt sind alle großen Familien, gleichgültig ob sie nun fixierte oder variable Merkmale besitzen, sowie eine Auswahl der kleineren Familien. Wer die Übersichten als Einstieg benutzt, hat bei weit mehr als der Hälfte der einheimischen Arten die erste Bestimmungshürde überwunden und kann direkt bei der Familie in den Schlüssel einsteigen.

Pflanzen bestimmen

Hauptgruppen der Gefäßpflanzen

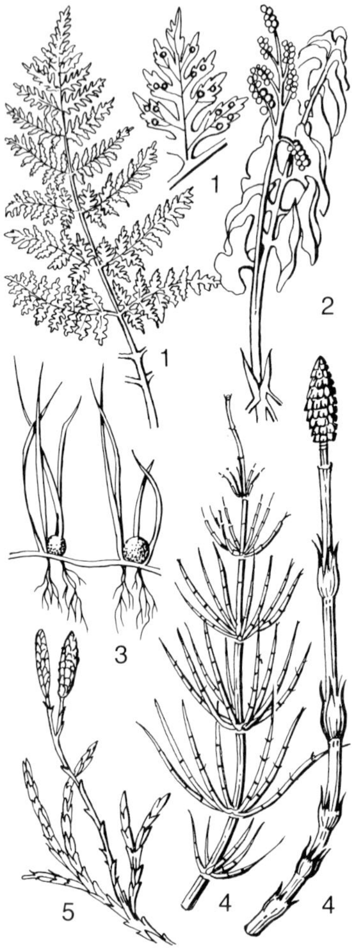

1. Pflanzen ohne Blüten und Samen: Farnpflanzen (Pteridophyta)

A Blätter groß, flächig, meist zerteilt, mit verzweigten Nerven; Sporenbehälter (Sporangien) meist auf der Blattunterseite:

Farne (Filicatae)
Beispiel: Blasenfarn *(Cystopteris fragilis)* (1). Abweichender Habitus z. B. bei Mondraute *(Botrychium lunaria)* (2), Pillenfarn *(Pilularia globulifera)* (3), Kleefarn (*Marsilea*, Abb. S. 72).

B Blätter klein, schuppenförmig, nur mit Mittelnerv; Sporenbehälter meist in endständigen zapfenförmigen Ähren:

Schachtelhalme (Equisetatae): Sproß hohl, gegliedert, an den Knoten mit quirlig (wirtelig) stehenden Schuppenblättern und meist auch Seitenzweigen
Beispiel: Acker- und Schachtelhalm *(Equisetum arvense)* (4).

Bärlappe (Lycopodiatae): Sproß gabelig verzweigt, die Blättchen wechselständig (dispers) angeordnet
Beispiele: Flachbärlapp *(Diphasium complanatum)* (5), Bärlapp (*Lycopodium*, Abb. S. 20).

2. Pflanzen mit Blüten und Samen: Samenpflanzen (Spermatophyta)

A **Nadelblättrige Nacktsamer (Coniferophytina):** Holzgewächse mit nadelförmigen Blättern; Blüten eingeschlechtig (siehe S. 32 f.); in zapfenförmigen Blütenständen, diese meist trocken, selten saftig [Beere beim Wacholder (*Juniperus*, siehe S. 143)]
Beispiele: Kiefer *(Pinus sylvestris)* (6), Tanne *(Abies alba)* (7).

B **Bedecktsamer (Angiospermae):** Pflanzen ohne die genannte Kombination von Merkmalen, oft krautig, mit zweigeschlechtigen Blüten und flächigen Blättern; wenn verholzt, dann ohne eingeschlechtige Zapfen und mit flächigen Blättern. Sie untergliedern sich in:

Zweikeimblättrige (Dicotyledonae): Blüten oft 5- oder 4-zählig; Blätter meist fiedernervig [Ausnahmen z. B. Wegerich- und Enziangewächse *(Plantaginaceae* und *Gentianaceae)*]; Leitbündel im Stengelquerschnitt ringförmig angeordnet (Lupe!)
Beispiele: Wiesen-Storchschnabel (*Geranium pratense*, Abb. S. 2) (8), Fingerkraut (*Potentilla*, Abb. S. 23).

Einkeimblättrige (Monocotyledonae): Blüten oft 3-zählig; Blätter meist parallelnervig; Leitbündel im Stengelquerschnitt zerstreut angeordnet
Beispiele: Tulpe *(Tulipa)* (9), Maiglöckchen (*Convallaria*, Abb. S. 22), Schwertlilie (*Iris*, Abb. S. 148).
Abweichend sind z. B. Einbeere *(Paris)* und Aronstab (*Arum*, Abb. S. 37) durch fiedernervige Blätter, die erste auch durch 4-zählige Blüten.

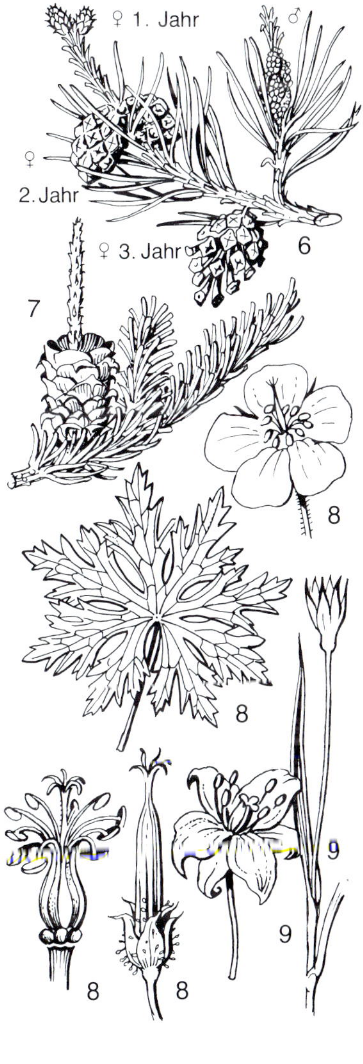

Pflanzen bestimmen

Zweikeimblättrige (Dicotyledonen)

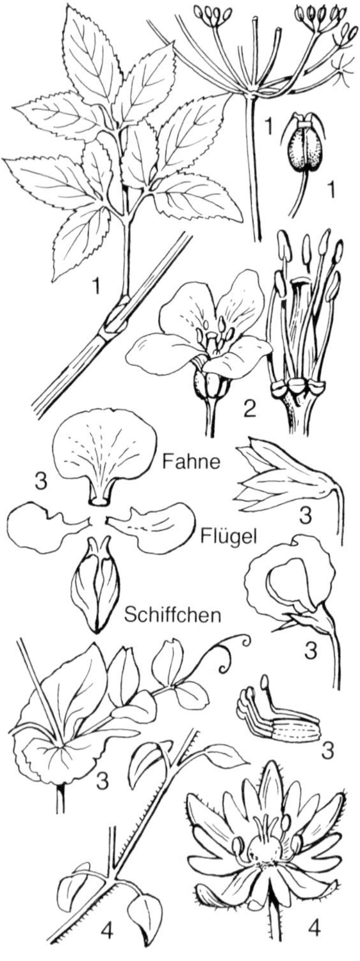

Die großen Familien der mitteleuropäischen Flora sowie einige gut kenntliche kleinere. Die mit * markierten Familien sind anhand der charakteristischen Merkmale fast immer eindeutig anzusprechen.

1. Pflanzen mit freien Kronblättern und 10 oder weniger Staubblättern

***Doldengewächse (Apiaceae):** Blütenstand eine Doppeldolde (oder Dolde), Blüten klein, ohne deutlichen Kelch; Blätter meist stark zerteilt
Beispiel: Geißfuß *(Aegopodium podagraria)* (1).

***Kreuzblütler (Brassicaceae):** »Kreuzblüte«, 4 Kelch- und Kronblätter, 6 Staubblätter (2 kurz, 4 lang); Frucht eine Schote
Beispiele: Wiesen-Schaumkraut *(Cardamine pratensis)* (2), Steinkraut (*Alyssum,* Abb. S. 169).

***Schmetterlingsblütler (Fabaceae):** »Schmetterlingsblüte«, Kelch verwachsen, 5 Kronblätter (Fahne, Flügel, Schiffchen), 10 Staubblätter (oft 9 verwachsen); Frucht eine Hülse; Blätter gefiedert, mit Nebenblättern
Beispiele: Erbse *(Pisum sativum)* (3), Luzerne (*Medicago,* Abb. S. 83).

***Veilchengewächse (Violaceae):** »Veilchenblüte«, mit Sporn, 5 Staubblätter; Frucht eine 3-klappige Kapsel
Beispiele: Veilchen (*Viola,* Abb. S. 15).

***Storchschnabelgewächse (Geraniaceae):** Frucht mit einem langen Schnabel; Blüten regelmäßig 5-zählig
Beispiel: Storchschnabel (*Geranium,* Abb. S. 2 und 25).

Nelkengewächse (Caryophyllaceae): Blätter ungeteilt, gegenständig; Blüten regelmäßig, meist 5-zählig, Fruchtknoten mit 2–5 Griffeln
Beispiele: Vogel-Miere *(Stellaria media)* (4), Nelke (*Dianthus,* Abb. S. 33 und 151), Kornrade (*Agrostemma,* Abb. S. 157).

2. Pflanzen mit freien Kronblättern und mehr als 10 Staubblättern

Rosengewächse (Rosaceae): Bäume, Sträucher oder Kräuter; Blätter (meist) mit Nebenblättern; Fruchtknoten oft mittel- oder unterständig
Beispiele: Kleiner Wiesenknopf (*Sanguisorba minor,* windblütig, Fruchtknoten unterständig) (5), Fingerkraut (*Potentilla,* Abb. S. 23), Kirsche (*Prunus,* Abb. S. 100), Frauenmantel (*Alchemilla,* Abb. S. 17, Blüten stark reduziert).

Hahnenfußgewächse (Ranunculaceae): Kräuter; Blätter ohne Nebenblätter; Fruchtknoten oft zahlreich
Beispiele: Scharfer Hahnenfuß *(Ranunculus acris)* (6), Leberblümchen (*Hepatica,* Abb. S. 112), Akelei (*Aquilegia,* Abb. S. 123), Küchenschelle (*Pulsatilla,* Abb. S. 147).

***Malvengewächse (Malvaceae):** Staubblätter zu einer den Griffel einschließenden Röhre verwachsen; Kelch an der Basis mit Außenkelch
Beispiel: Siegmarswurz *(Malva alcea)* (7).

***Hartheugewächse (Hypericaceae):** Blätter gegenständig; Staubblätter am Grund zu 3 Bündeln verwachsen; Fruchtknoten mit 3 Narben; Kronblätter zart, zerknittert
Beispiel: Tüpfel-Hartheu *(Hypericum perforatum)* (8).

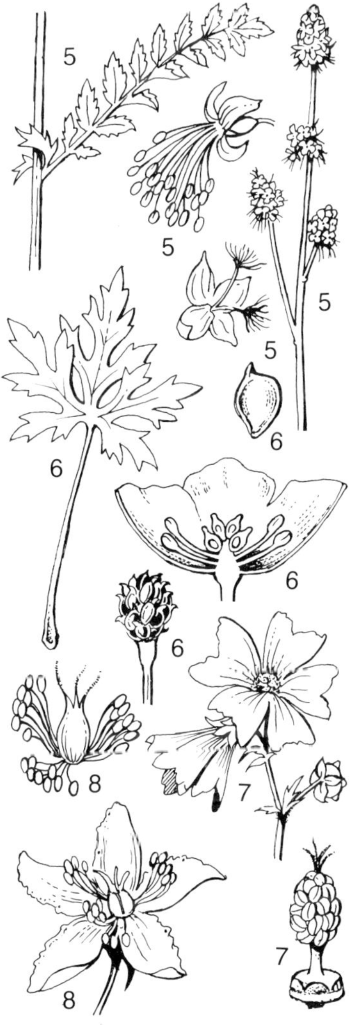

Zweikeimblättrige (Fortsetzung)

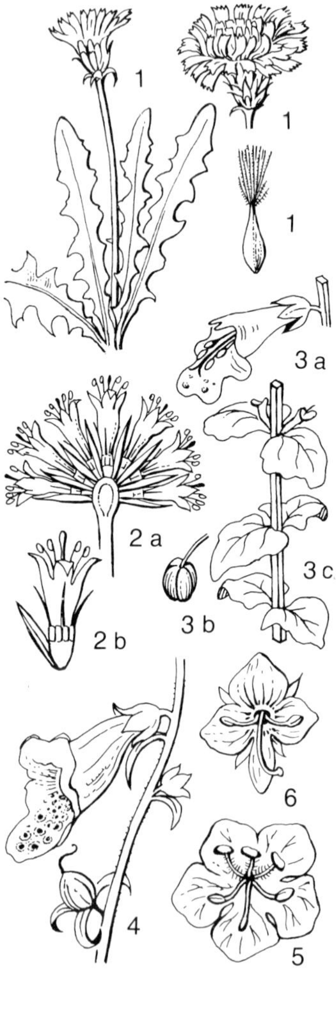

3. Pflanzen mit verwachsenen Kron- und Kelchblättern; Blüten in kopfigen Blütenständen (Körben), die von Hüllschuppen umgeben sind

***Korbblütler (Asteraceae):** 5 Staubblätter, ihre Staubbeutel zu einer Röhre verklebt
Beispiele: Rauher Löwenzahn *(Leontodon hispidus)* (1), Klette (*Arctium,* Abb. S. 38), Huflattich (*Tussilago,* Abb. S. 52), Flockenblume (*Centaurea,* Abb. S. 53), Gänseblümchen (*Bellis,* Abb. S. 119), Arnika (*Arnica,* Abb. S. 150).

***Kardengewächse (Dipsacaceae):** 4 freie Staubblätter
Beispiel: Tauben-Skabiose *(Scabiosa columbaria)* (2).

4. Pflanzen mit verwachsenen Kron- und Kelchblättern; Blüten nicht in Körben

***Lippenblütler (Lamiaceae):** »Lippenblüte« mit Ober- und Unterlippe; meist 4 Staubblätter, Fruchtknoten 4-teilig (Klausen); Stengel 4-kantig, Blätter gegenständig
Beispiele: Kriechender Günsel *(Ajuga reptans)* (3), Salbei (*Salvia,* Abb. S. 36), Taubnessel (*Lamium,* Abb. S. 66 f.).

Rachenblütler (Scrophulariaceae): »Rachenblüte«, »Lippenblüte« oder Blüte mit ausgebreiteten Zipfeln; Staubblätter 2–5, Fruchtknoten ungeteilt (keine Klausen); Stengel und Blätter variabel
Beispiele: Roter Fingerhut *(Digitalis purpurea)* (4), Königskerze *(Verbascum)* (5), Ehrenpreis *(Veronica)* (6), Augentrost (*Euphrasia,* Abb. S. 18), Schuppenwurz (*Lathraea,* Abb. S. 41), Klappertopf (*Rhinanthus,* Abb. S. 41), Leinkraut (*Linaria,* Abb. S. 68).

***Rauhblattgewächse (Boraginaceae):** Blüten 5-zählig, meist radiär; Fruchtknoten 4-teilig (Klausen); Stengel und Blätter oft rauhhaarig
Beispiele: Beinwell *(Symphytum officinale)* (7), Vergißmeinnicht (*Myosotis,* Abb. S. 168).

Primelgewächse (Primulaceae): Blüten 5-zählig, radiär; Fruchtknoten ungeteilt; Pflanze weichhaarig oder kahl
Beispiele: Acker-Gauchheil *(Anagallis arvensis)* (8), Schlüsselblume (*Primula,* Abb. S. 34), Wasserfeder (*Hottonia,* Abb. S. 138), Alpenveilchen (*Cyclamen,* Abb. S. 140).

***Rötegewächse (Rubiaceae):** Blätter quirlständig; Blüten klein, 3–5-zählig, ohne deutlichen Kelch, Fruchtknoten unterständig
Beispiel: Wald-Meister *(Galium odoratum)* (9).

***Wegerichgewächse (Plantaginaceae):** Blüten klein, in zylindrischen Blütenständen, meist 4-zählig; Blätter parallelnervig, oft in grundständiger Rosette
Beispiel: Mittlerer Wegerich *(Plantago media)* (10).

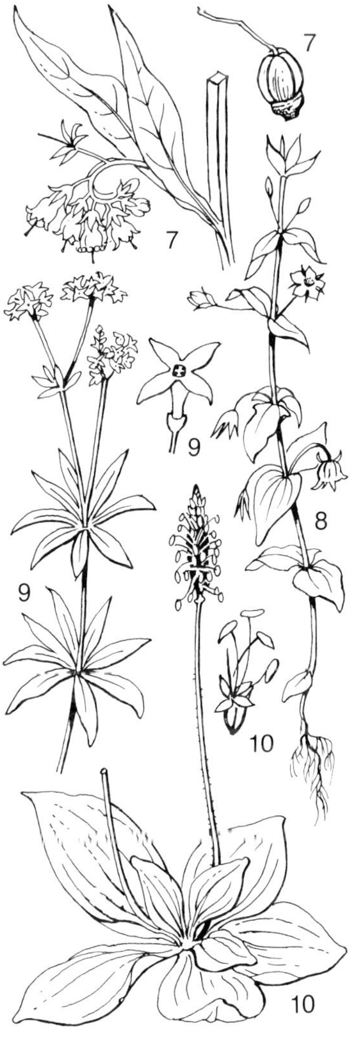

Pflanzen bestimmen

Einkeimblättrige (Monocotyledonae)

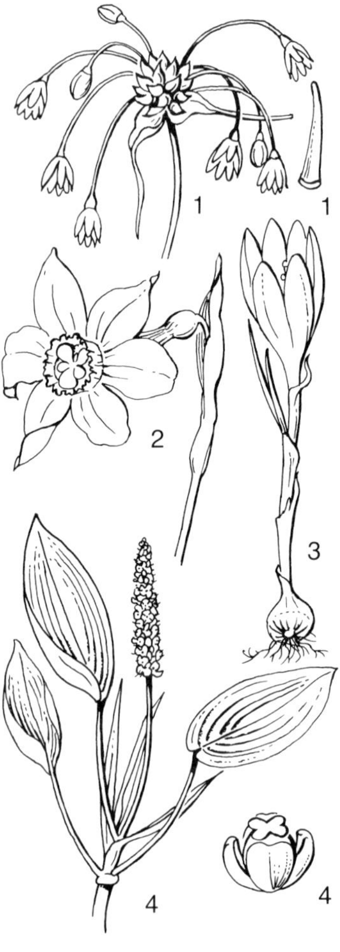

Eine Auswahl wichtiger oder gut kenntlicher Familien

1. Pflanzen mit auffälligen, farbigen Blüten; Blüten mit 6 Staubblättern

Liliengewächse (Liliaceae): Fruchtknoten oberständig
Beispiele: Gemüse-Lauch *(Allium oleraceum)* (1), Tulpe (*Tulipa,* siehe S. 25), Maiglöckchen (*Convallaria,* Abb. S. 22), Gelbstern (*Gagea,* Abb. S. 127), Herbstzeitlose (*Colchicum,* Abb. S. 53).

Amaryllisgewächse (Amaryllidaceae): Fruchtknoten unterständig
Beispiele: Weiße Narzisse *(Narcissus poeticus)* (2), Märzenbecher (*Leucojum,* Abb. S. 12).

2. Pflanzen mit auffälligen, farbigen Blüten; Blüten mit 1–3 Staubblättern, Fruchtknoten unterständig

Schwertliliengewächse (Iridaceae): Blüten mit 3 Staubblättern, radiär oder schwach 2-lippig
Beispiele: Frühlings-Krokus *(Crocus biflorus)* (3), Schwertlilie (*Iris,* Abb. S. 148).

Orchideen (Orchidaceae): Blüten mit 1–2 Staubblättern, mit deutlicher Lippe
Beispiele: Ragwurz (*Ophrys,* Abb. S. 38 und 81), Knabenkraut (*Orchis,* Abb. S. 55).

3. Pflanzen mit unscheinbaren Blüten in kolbenförmigen Blütenständen

Aronstabgewächse (Araceae): Kolben von einem Hüllblatt umgeben
Beispiel: Aronstab (*Arum,* Abb. S. 37).

Rohrkolbengewächse (Typhaceae): Kolben zweigeteilt, unten mit weiblichen, oben mit männlichen Blüten
Beispiel: Rohrkolben (*Typha*, Abb. S. 154).

Laichkrautgewächse (Potamogetonaceae): Schwimmpflanzen
Beispiel: Schwimmendes Laichkraut *(Potamogeton natans)* (4).

4. Pflanzen mit unscheinbaren Blüten und schmalen flachen oder runden Blättern: Grasartige

A Blüten regelmäßig 3-zählig, bis etwa 5 mm im Durchmesser, oft einzeln stehend:

Binsengewächse (Juncaceae)
Beispiele: Kröten-Binse *(Juncus bufonius)* (5), Behaarte Hainsimse *(Luzula pilosa)* (6).

B Blüten nicht regelmäßig 3-zählig, mit reduzierter Anzahl von Blütenorganen, zu mehreren in Blütenständen zusammengefaßt, die oft nur wenige mm groß sind und Einzelblüten vortäuschen:

Gräser (= Süßgräser) (Poaceae): Blütenstand ein Grasährchen, am Grund mit 1–3 Hüllspelzen (meist 2), darüber eine bis viele Einzelblüten mit jeweils 1 Deckspelze, 1 Vorspelze, 3 Staubblättern und 1 Fruchtknoten mit 2 Narben; Stengel rund oder flachgedrückt, Blätter flach
Beispiele: Wiesen-Schwingel *(Festuca pratensis)* (7), Knaulgras (*Dactylis*, Abb. S. 16).

Sauergräser (Cyperaceae): Blütenstände anders aufgebaut, kopfig oder länglich-zylindrisch; Stengel 3-kantig und Blätter flach oder beide rund
Beispiele: Sumpf-Segge *(Carex acutiformis)* (8), Hasen-Segge *(Carex leporina)* (9), Teichsimse *(Schoenoplectus lacustris)* (10), Wollgras (*Eriophorum*, Abb. S. 161).

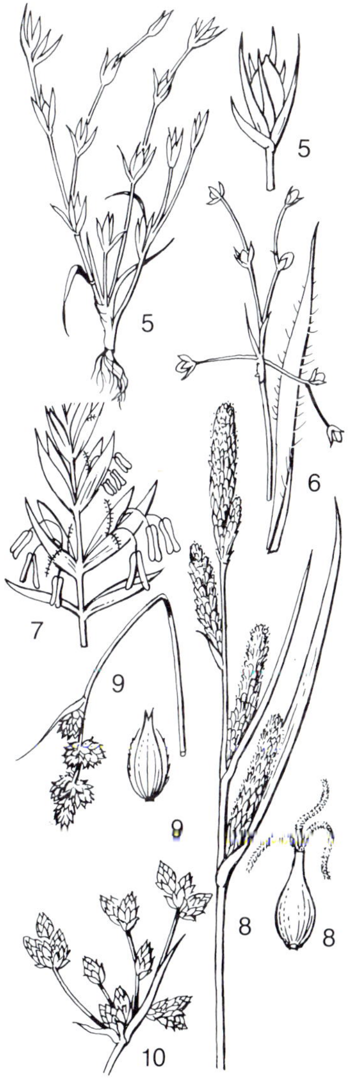

Beobachtungen im Feld

Pflanzen kennenlernen sollte nicht allein heißen, die Namen zu bestimmen und möglichst große Formenkenntnis zu erwerben, sondern sollte auch Anreiz sein, die Pflanzen in ihrem Lebenszusammenhang zu sehen. Wie die Arten sich fortpflanzen, mit welchen Mitteln sie sich ausbreiten, wie sie dabei mit Tieren und allgemein mit der Umwelt in Wechselwirkung treten, das alles ist auf vielfältige Art und Weise gelöst. Es ist daher lohnend, sich beim Gang in der Natur Zeit für die Beobachtung zu lassen. Wer nicht nur die äußere Form sieht, die beim Bestimmen abgefragt wird, sonden versucht, auch die Funktion zu verstehen, wird überraschend viel Interessantes entdecken können, was selbst in der heimischen Flora lange für immer neue Anregungen sorgt.
Bei der großen Vielfalt können nur Einzelbeispiele herausgegriffen werden, die vielleicht zu ähnlichen Beobachtungen an anderen Arten anregen. Würde etwa das gegenwärtige Wissen in der Blütenbiologie zusammengefaßt, gäbe das ein mehrere hundert Seiten starkes Werk.

Blütenbiologie

Dieser Zweig der Botanik, auch als Blütenökologie bezeichnet, erforscht den Ablauf der Bestäubung, also die Übertragung des Pollens auf die Narbe bei den Blütenpflanzen (Samenpflanzen). Auf die Bestäubung erfolgt im Innern des Fruchtknotens die Befruchtung. Eine wichtige Funktion für die Bestäubung haben die sterilen Hüllblätter (Blütenhülle), die Staubblätter und Fruchtblätter (Fruchtknoten) zum Schutz umgeben, und die durch auffällige Färbung und Markierung bestimmte Tiere als Bestäuber anlocken.

Verteilung der Geschlechter

Die Verteilung der Geschlechter ist mit bloßem Auge oder mit einer Lupe gut zu erkennen. Die überwiegende Zahl der Arten besitzt zweigeschlechtige (zwittrige) Blüten mit Staubblättern und Fruchtknoten (Abb. S. 127). Andere Arten haben eingeschlechtige Blüten entweder nur mit Staubblättern (männlich) oder nur mit Fruchtknoten (weiblich). Finden sich die Blütentypen auf einer Pflanze, spricht man von Einhäusigkeit. Hierher gehören z. B. Buche *(Fagus),* Hasel *(Corylus),* Birke *(Betula)* sowie viele Nadelbäume wie Tanne *(Abies),* Fichte *(Picea)* und Kiefer *(Pinus).* Zweihäusigkeit, d. h. männliche und weibliche Blüten getrennt auf zwei Pflanzen gibt es bei den Arten, die im Namen »dioica« (= zweihäusig) enthalten, wie Tag-Lichtnelke *(Sile-*

Die männlichen Blüten (links) der Rotbuche *(Fagus sylvatica)* stehen zu vielen in kugeligen Kätzchen, die weiblichen Blüten sind zu zweit von einem Fruchtbecher umgeben (rechts).

ne dioica), Zaunrübe *(Bryonia dioica)* und Kleiner Baldrian *(Valeriana dioica)*, ferner bei Weiden-Arten *(Salix)*, dem Bingelkraut *(Mercurialis)* und einigen anderen.
Die Trennung zwischen zwittrig und eingeschlechtig ist allerdings nicht scharf, es kommen Übergänge vor. Beispiele sind viele Korbblütler *(Asteraceae)* mit zweigeschlechtigen Röhren- und weiblichen Zungenblüten im selben Korb, die Roßkastanie *(Aesculus hippocastanum)* mit zweigeschlechtigen, männlichen und weiblichen Blüten auf derselben Pflanze, die Karthäuser-Nelke *(Dianthus carthusianorum)* und andere Nelkengewächse *(Caryophyllaceae)* mit zweigeschlechtigen und weiblichen Blüten auf verschiedenen Pflanzen.

Die Karthäuser-Nelke *(Dianthus carthusianorum)* hat protandrische Blüten (siehe S. 34).

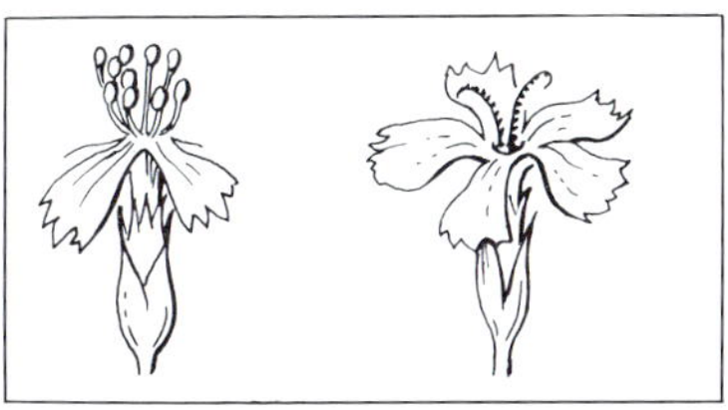

Fremdbefruchtung

Bei vielen Arten sind Vorkehrungen getroffen, die eine Selbstbefruchtung einschränken oder verhindern. Der biologische Sinn ist, Inzucht zu vermeiden. Denn diese kann sich nachteilig für die Art auswirken, sofern sie über viele Generationen erfolgt.
Ein möglicher Weg zur Sicherung der Fremdbestäubung ist, daß Staubblätter und Griffel einer Blüte zu verschiedenen Zeitpunkten reifen. Dadurch ist die Übertragung des Pollens auf die Narbe derselben Blüte ausgeschlossen. Dieser Vorgang läßt sich verfolgen, wenn man eine Blüte über mehrere Tage vom Aufblühen bis zum Abblühen beobachtet.

Beobachtungen im Feld

Dabei gibt es zwei Möglichkeiten:
1. Die Staubblätter eilen den Narben in der Entwicklung voraus (Vormännlichkeit, Prot(er)andrie), z. B. bei der Karthäuser-Nelke *(Dianthus carthusianorum)*, dem Schmalblättrigen Weidenröschen *(Epilobium angustifolium)*, bei Glockenblumengewächsen *(Campanulaceae)* und Korbblütlern *(Asteraceae)*.
2. Die Narben sind zuerst entwikkelt und bestäubungsfähig (Vorweiblichkeit, Prot(er)ogynie), z. B. beim Mittel- und Spitz-Wegerich *(Plantago media* und *P. lanceolata)* sowie bei der Roßkastanie *(Aesculus hippocastanum)*.

Einen anderen Weg zur Vermeidung der Selbstbefruchtung haben die Schlüsselblumen *(Primula)* beschritten. Um ihn zu verstehen, muß man bei mehreren Individuen eine Blüte längs öffnen. Es kommen 2 Typen von Blüten vor, in denen die Staubblätter und Narben wechselnd an 2 unterschiedlichen Positionen stehen. Guter Samenansatz erfolgt nur dann, wenn Pollen auf eine Narbe in derselben Position bei einer anderen Pflanze gelangt. Der Unterschied im Blütenbau wird dadurch ergänzt, daß die zueinander passenden Narben und Pollenkörner sich an der Oberfläche und an bestimmten chemischen Substanzen erkennen.
Ähnlich ist die Sachlage beim Blutweiderich *(Lythrum salicaria)*, nur nehmen Staubblätter und Narben nicht 2, sondern 3 Positionen ein.

Schaftlose Schlüsselblume *(Primula vulgaris)*. Viele Arten der Gattung sind verschiedengriffelig (heterostyl). In den Populationen sind Pflanzen mit langen und kurzen Griffeln etwa gleich häufig. Biologischer Sinn ist die Kreuzbestäubung. Weiteres im Text. (Nach K. Dobat).

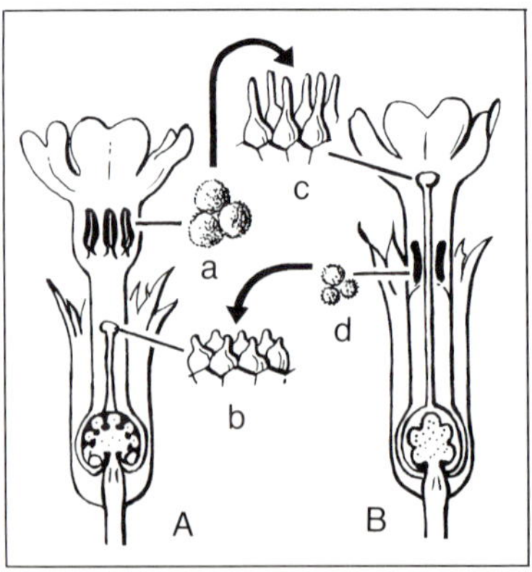

Selbstbefruchtung

Arten die an ungünstigen Standorten wachsen und in kurzer Zeit eine große Anzahl von Samen produzieren müssen, um sich zu behaupten, sind oft Selbstbefruchter. Bei ihnen findet die Bestäubung innerhalb einer Blüte statt. Im Gelände kann man sie an den unscheinbaren, manchmal kaum geöffneten Blüten erkennen, die meist auch ohne Nektar sind und deshalb nicht von Insekten besucht werden. Oft sind es Einjährige, die im Frühling auf offenem Boden in großen Beständen auftreten und schnell wieder verschwinden. Einige Kreuzblütler *(Brassicaceae)* gehören hierher, z. B. das Hirtentäschel *(Capsella bursa-pastoris)*, oder die Feldsalat-Arten *(Valerianella)*.

Hingewiesen sei besonders auf jene Arten, die beide Möglichkeiten der Befruchtung nutzen. In der heimischen Flora sind das z. B. die Stengelumfassende Taubnessel *(Lamium amplexicaule)*, viele Veilchen *(Viola)* und der Sauerklee *(Oxalis acetosella)*. Sie alle bilden 2 Typen von Blüten aus: auffällige, normal geöffnete, die fremdbestäubt werden, und unscheinbare, knospenartig geschlossen bleibende, in denen Selbstbestäubung stattfindet. Die letzteren – kleistogame Blüten genannt – werden gebildet, wenn die Umweltbedingungen für die Art ungünstig werden.

Die winzigen Blüten beim Feldsalat *(Valerianella locusta)* werden selbstbestäubt.

Beim Wohlriechenden oder Rauhen Veilchen etwa *(Viola odorata, V. hirta)* muß man sie im Spätfrühling suchen, wenn die Hauptblüte vorbei ist; sie stehen an kurzen Stielen nahe dem Boden.

Windbestäubung

Etwa ein Fünftel der mitteleuropäischen Pflanzenarten wird durch den Wind bestäubt, beim Rest übertragen Tiere den Pollen, abgesehen von wenigen Wasserpflanzen, denen das Wasser als Medium dient.

Windblütige Arten können im Gelände leicht an ihren unscheinbaren Blüten erkannt werden. Die Staubbeutel hängen an langen Filamenten heraus, der Pollen ist nicht klebrig und stäubt, die Narben treten hervor und sind oft pinsel- oder federförmig, wodurch sie die Luft filtern. Windblütig sind z. B. viele unserer Bäume sowie die Grasartigen (2 Beispiele auf S. 33 und S. 16). Alle diese Arten produzieren oft große Pollenmengen, um bei der ungezielten Übertragung die Bestäubung zu sichern. Wer an Heuschnupfen leidet, weiß das nur zu gut.

Tierbestäubung

Voll Reiz ist es, den Beziehungen zwischen Pflanzen und Bestäubern nachzugehen. Allerdings muß man sich manchmal mit Geduld wappnen, da beide auf Umwelteinflüsse verschieden reagieren und die Begegnung zuweilen nur Sekunden dauert.

In Mitteleuropa kommen nur Insekten als Bestäuber vor, dagegen spielen in den Tropen auch Vögel und Fledermäuse eine Rolle. Die meisten Bestäuberinsekten gehören zu den Hautflüglern (Bienen, Hummeln, Wespen), ferner sind häufig Zweiflügler (Fliegen, Mükken) und Schmetterlinge anzutreffen. Die größte Aktivität ist an sonnig-warmen Tagen zu beobachten, denn die meisten Pflanzenarten haben dann ihre Blüten geöffnet. Eine kleine Gruppe von abends und

Die Lippen-Blumen des Wiesen-Salbeis *(Salvia pratensis)* haben einen Bestäubungsmechanismus, der auf der Hebelwirkung beruht. Die 2 Staubblätter sind stark abgewandelt (ein übliches Staubblatt links zum Vergleich): auf dem kurzen Filament (f) sitzt durch ein Gelenk verbunden das Konnektiv (k); dessen eine Hälfte ist lang ausgezogen (k_1) und trägt eine Pollen bildende Theke (th); die andere Hälfte ist plattenartig verbreitert (k_2). Stößt ein Insekt bei der Nektarsuche gegen die Platte, klappt es den langen Hebelarm um und streut sich Pollen auf den Rücken. Die Blüten sind protandrisch (siehe S. 34). (Nach F. Noll).

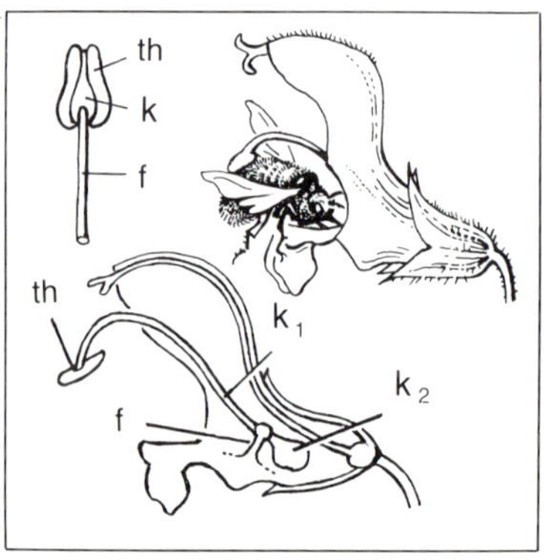

Das Geißblatt *(Lonicera periclymenum)* wird von Nachtschwärmern bestäubt (Abb. oben). Der Blütenstand des Aronstabs *(Arum maculatum)* funktioniert nach dem Prinzip der Gleitfalle. Die Innenwand der Hülle ist so glatt, daß Zweiflügler, die vom kotähnlichen Geruch der Keule angelockt werden, beim Landen in den Kessel abrutschen. Dort bestäuben sie die Narben, worauf die Borsten welken und den Weg nach außen freigeben. Am Kolben im Kessel sitzen stark reduzierte weibliche, sterile und männliche Blüten (Abb. unten).

nachts blühenden Arten wird von Nachtschwärmern und Motten aufgesucht. Hierzu gehören Nachtkerze *(Oenothera)*, Geißblatt *(Lonicera periclymenum)* sowie einige andere Arten mit weißlichen, süß duftenden Röhrenblüten. Das Artenpaar Nacht- und Tag-Lichtnelke *(Silene pratensis* und *S. dioica)* ist, wie der Name sagt, durch die tägliche Blütezeit unterschieden. Da entsprechend auch die Bestäuber andere sind, gibt es wenig Kreuzungen, obwohl die Arten leicht miteinander bastardieren.

Die Insekten werden durch die Färbung und Zeichnung der Blüten sowie durch Duftstoffe angelockt. Bei den optischen Reizen sind Markierungen im ultravioletten Spektralbereich bedeutsam, die zwar vom Insekt, aber nicht vom Menschen gesehen werden. Der Blütenbesuch dient in den meisten Fällen dem Sammeln von Nahrung (Pollen, Nektar); dabei findet die Bestäubung statt.

Der Grad der gegenseitigen Anpassung von Pflanze und Bestäuber ist sehr unterschiedlich. Von normal aussehenden, nicht besonders eingerichteten Blüten, die lediglich Färbung und Duft zur Anlockung einsetzen, bis hin zu stark spezialisierten und im Bau abgewandelten Blüten mit besonderen Bestäubungseinrichtungen gibt es alle Übergangstypen. 3 Beispiele aus

Fliegen-Ragwurz *(Ophrys insectifera).* Die Blüten der Ragwurz-Arten sind Täuschblumen ohne Nektar. Sie locken mit Sexualduftstoffen Männchen von Hautflüglern (Bienen, Wespen) an, die mit der Unterlippe zu kopulieren versuchen und dabei die Blüte bestäuben. »Fliege« leitet sich vom Aussehen ab, hat aber nichts mit dem Bestäuber zu tun.

der letzten Gruppe, die in Mitteleuropa gut zu beobachten sind, sollen genauer dargestellt werden: Wiesen-Salbei *(Salvia pratensis),* Aronstab *(Arum maculatum)* und Fliegen-Ragwurz *(Ophrys insectifera).*

Fruchtbiologie

Ähnlich vielfältig wie die Bestäubungsmethoden sind die Ausbreitungsmethoden für Früchte und Samen. Eine Art kann nur dann neue Wuchsorte besiedeln, wenn es ihr gelingt, die Samen mit den darin geschützen Keimlingen möglichst weit von der Mutterpflanze aus zu verbreiten.

Der Teil, der sich von der Mutterpflanze löst und die Ausbreitung übernimmt, wird als **Diaspore** bezeichnet. Oft sind das die Samen, die aus der Frucht, aus Kapseln, Schoten, Hülsen und Bälgen, entlassen werden. Auch viele Früchte dienen als Diasporen, z. B. verschiedene Nüsse, Steinfrüchte und Beeren. Selten werden ganze Blütenstände als Einheit verbreitet, in der heimischen Flora die Kletten *(Arctium),* die mit ihren widerhakigen Hüllblättern im Fell von Tieren hängen bleiben.
Die Ausbreitung geschieht meist passiv, d. h. die Diasporen fallen ab und werden von Wind, Wasser oder Tieren verbreitet.
Auffällig sind fliegende Diasporen, wenn sie in großen Mengen frei werden, z. B. im Frühling die Flug-

Filzige Klette *(Arctium tomentosum).* Die Körbe werden von Tieren verbreitet (siehe oben).

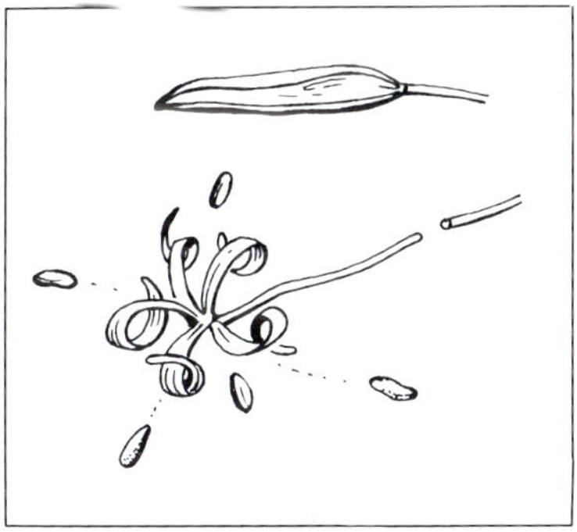

Die Kapseln des Echten Springkrauts *(Impatiens noli-tangere)* zerfallen beim Berühren explosionsartig und schleudern die Samen weg. Dabei rollen sich die Kapselwände ein.

früchte des Löwenzahns *(Taraxacum)* oder im Frühsommer die Flugsamen von Weiden *(Salix)* und Pappeln *(Populus)*, die oft in dichten Wolken verweht werden. Daneben gibt es zahlreiche Früchte und Samen, die zum Fliegen befähigt sind, wobei die speziellen Einrichtungen dafür aus jeweils verschiedenen Pflanzenteilen aufgebaut sind. Auch Samen ohne besondere Vorkehrungen können fliegen, sofern sie wie bei den Orchideen *(Orchidaceae)* oder der Sommerwurz *(Orobanche)* staubfein sind.
Das Wasser als Verbreitungsmedium nutzen viele Pflanzen, die im oder am Wasser wachsen. Allerdings mehr erstaunt die Rolle des Wassers bei Arten ausgesprochen trockener Standorte, wie z. B. beim Mauerpfeffer *(Sedum acre)*, der in lückigen Magerrasen, Felsgrus und auf Mauern vorkommt. Seine Kapseln öffnen sich bei Regen, die Samen werden durch Tropfen ausgewaschen und dann weggeschwemmt.
Für die Verbreitung vieler Pflanzenarten sind Tiere wichtig. Beeren und Steinfrüchte, aber auch manche Nüsse werden gefressen und die unverdauten Teile wieder ausgeschieden. So kommt z. B. die Mistel (siehe S. 40) auf neue Wirtsbäume. Bei vielen Arten aus der Krautschicht der Laubmischwälder übernehmen Ameisen die Verbreitung. Sie werden von Anhängseln (Elaiosomen) an den Samen angelockt. Solche nährstoffhaltigen Anhängsel finden sich bei Veilchen *(Viola)*, Leberblümchen (*Hepatica nobilis*, siehe S. 112), Lerchensporn *(Corydalis cava)*, Busch-Windröschen *(Anemone nemorosa)*, Bären-Lauch

(*Allium ursinum,* siehe S. 95) und vielen anderen.
Manche Früchte heften sich mit Hilfe von Widerhaken an Tier und Mensch fest. Wer im Sommer über eine trockene Wiese geht, hat Strümpfe oder Hosenbeine voller Früchte des Odermennigs *(Agrimonia eupatoria),* im feuchten Gebüsch bleiben die Früchte des Kleb-Labkrauts *(Galium aparine)* und der Echten Nelkenwurz *(Geum urbanum)* hängen, im feuchten Laubwald die des Hexenkrautes *(Circaea lutetiana).*
Nur wenige Pflanzen vermögen ihre Samen aktiv zu verbreiten, zwar nicht über große Entfernungen, doch immerhin über einige Meter. Wohlbekannt dafür ist das »Kräutlein Rührmichnichtan« *(Impatiens noli-tangere),* eine Art nasser Wälder. Berührt man die im Spätsommer reifen Früchte (Kapseln), dann zerfallen sie explosionsartig und die Samen spritzen weg. Schleuderfrüchte besitzen auch die anderen Springkraut *(Impatiens-)* Arten und der Sauerklee *(Oxalis acetosella).*

Ernährungsspezialisten

In der Regel ernähren sich Pflanzen selbst, sie sind autotroph. Sie bauen alle für ihr Leben notwendigen Verbindungen aus anorganischen Substanzen auf, die dafür benötigte Energie beziehen sie aus der Sonnenstrahlung. Von dieser Regel gibt es bei den Gefäßpflanzen einige Ausnahmen, Arten also, welche die unabhängige Ernährung teilweise oder ganz aufgegeben haben und von anderen Pflanzen abhängig geworden sind: die Halb- und Vollschmarotzer. Einige andere verschaffen sich bei der Ernährung ein Zubrot, indem sie Insekten fangen und verdauen: die Insektenfänger.

Halbschmarotzer (Halbparasiten)

Jedermann bekannt ist die Mistel *(Viscum),* die schon daran als Schmarotzer zu erkennen ist, daß sie auf anderen Pflanzen (Laub- und Nadelbäumen) wächst. Sie ist, wie alle Halbschmarotzer, nicht völlig vom Wirt abhängig, sondern bezieht hauptsächlich Wasser und Nährstoffe von ihm. Die organischen Substanzen baut sie mit Hilfe des Blattgrüns selbst auf.
In Mitteleuropa kommen noch zahlreiche weitere Halbschmarotzer vor, die aber schwer als solche zu erkennen sind. Hierher gehören viele Gattungen der Rachenblütler *(Scrophulariaceae),* die sog. Rhi-

Vollschmarotzer: Hopfen-Seide *(Cuscuta europaea),* oben links; Schuppenwurz *(Lathraea squamaria),* oben rechts; Fichtenspargel *(Monotropa hypopitys),* unten links; Halbschmarotzer: Zottiger Klappertopf *(Rhinanthus alectorolophus),* unten rechts.

Rundblättriger Sonnentau *(Drosera rotundifolia)*. Echtes Fettkraut *(Pinguicula vulgaris)*.

nanthoideen mit Klappertopf *(Rhinanthus)*, Wachtelweizen *(Melampyrum)*, Augentrost *(Euphrasia)*, Läusekraut *(Pedicularis)* sowie einige kleine Gattungen, ferner das Leinblatt *(Thesium)*, das zu den Sandelgewächsen *(Santalaceae)* gehört. Sie wachsen meist in Wiesen und Rasen, auch in Wäldern. Sie wurzeln im Boden, wo sie mit den Wurzeln der Wirte (meist Gräser, *Poaceae*) durch Saugorgane (Haustorien) verbunden sind. Doch selbst bei sehr vorsichtigem Herausnehmen aus dem Boden gelingt es nur selten, die Verbindung nachzuweisen.

Vollschmarotzer (Vollparasiten)
Ihnen fehlt das Blattgrün, weshalb sie bleich, braun oder rötlich aussehen. Sie können die Grundbausteine der organischen Substanzen nicht selbst aufbauen, sondern müssen diese dem Wirt entnehmen, der dadurch oft Schaden nimmt.

Verfolgt man den windenden Sproß einer Seide *(Cuscuta)* nach unten, findet man ein freies Ende. Die Wurzel stirbt bald nach der Keimung ab, die Pflanze wird dann vom Wirt ernährt und gestützt.

Biologisch interessant sind die Sommerwurz-Arten *(Orobanche)*.

Einige sind derart auf bestimmte Wirte spezialisiert, daß sie leichter nach diesem, als nach dem Aussehen zu bestimmen sind.

Insektenfänger
Faszinierend ist es, einem Sonnentau *(Drosera)* zuzusehen, den man mit einem winzigen Fleisch- oder Wurststück »gefüttert« hat. Die tentakelförmigen Haare krümmen sich mit sichtbarer Geschwindigkeit nach innen und neigen sich über der Beute zusammen. Mit dem klebrigen Drüsensekret wird das Fleisch, oder normalerweise ein Insekt, verdaut, was einige Tage dauert.
Die Insektenfänger unter den Pflanzen, eine kleine Gruppe und in der heimischen Flora nur durch 4 Gattungen vertreten, besitzen speziell zum Fang und zur Verdauung umgewandelte Blätter. Der Sonnentau fängt wie beschrieben mit Tentakeln, das Fettkraut *(Pinguicula)* hat sitzende Drüsen auf der Blattoberseite, an denen die Tiere kleben bleiben.
Wesentlich schwieriger sind Wasserschlauch *(Utricularia)* und Wasserfalle *(Aldrovanda)* zu beobachten, da sie im Wasser leben, die zweite zudem sehr selten ist.
Die gefangenen Insekten sind eine zusätzliche, aber nicht lebensnotwendige Nährstoffquelle hauptsächlich für Stickstoff.

Vollschmarotzer in der mitteleuropäischen Flora

Wirtspflanzen sind Gefäßpflanzen
Seide *(Cuscuta)*: in verschiedenen Pflanzengemeinschaften, besonders in mageren Wiesen, im Ufergebüsch und in Brennessel-Beständen.
Stengelschmarotzer auf verschiedenen Wirten (Zweikeimblättrigen).
Schuppenwurz *(Lathraea squamaria)*: in Laubmischwäldern, blüht im Erstfrühling[1]. Wurzelschmarotzer auf Laubgehölzen.
Sommerwurz *(Orobanche)*: meist in offener Vegetation, selten in Wäldern, manchmal irrtümlich für »Orchideen« gehalten.
Wurzelschmarotzer auf verschiedenen Wirten (Zweikeimblättrigen).

Wirtspflanzen sind Pilze des Waldbodens
Fichtenspargel *(Monotropa)*: im Nadel- oder Laubwald.
Parasitische Orchideen (Nestwurz *(Neottia nidus-avis)*[1], Korallenwurz *(Corallorhiza trifida)*, Widerbart *(Epipogium aphyllum)*[1]): im Laubwald.

[1] Die Pflanzen treiben in manchen Jahren keine oberirdischen Blütenstände, sondern blühen unterirdisch mit kleistogamen Blüten (siehe S. 35).

Phänologische Beobachtungen

Jeder, der sich für die Pflanzen draußen interessiert, wartet nach einem langen Winter sehnsüchtig auf die Vorboten des Frühlings: die Blüten von Schneeglöckchen und Hasel. Später im Jahr gibt es noch mehrfach solche markanten Termine. Wenn die ersten Mandelbäume an der Bergstraße blühen, ist das sogar eine Rundfunkmeldung wert. Diese Termine zu wissen bringt auch praktischen Nutzen, viele richten sich nach ihnen, vor allem die Bauern und Gärtner, aber auch jeder Kräuter- und Früchtesammler.
Die Wissenschaft, die erforscht, wann bestimmte Entwicklungsstadien eintreten, ist die Phänologie. Jahreszeitliche Rhythmen finden sich überall dort auf der Erde, wo Perioden mit günstigen und ungünstigen Lebensbedingungen abwechseln. Pflanzen (und Tiere) müssen sich darauf einstellen, sie schränken ihre Aktivität bei zu großer Kälte, Hitze oder Trockenheit ein. Wir selbst machen es nicht anders.
Für die Beobachtung der Vegetationsentwicklung gibt es zahllose Stationen, die über Mitteleuropa und überhaupt über die ganze Erde verteilt sind. Diese Stationen sind teils Institute, botanische Gärten und ähnliche Einrichtungen, teils sind es Privatleute, die freiwillig mitarbeiten. Sie alle stehen in engem Kontakt, sie sind zu »phänologischen Netzen« zusammengeschlossen. In der Bundesrepublik, der Schweiz und in Österreich existieren staatlich organisierte phänologische Dienste, die bei den Wetterämtern eingerichtet sind.
Wer häufig wandert oder spazieren geht, findet vielleicht Spaß daran, die markanten Daten im Jahresablauf zu verfolgen und zu notieren. Dann besteht die Möglichkeit, sich an ein phänologisches Netz anzuschließen (Adressen der Zentralstellen siehe S. 176).
Man kann sich aber auch ein eigenes Beobachtungsprogramm ausdenken und allein verschiedenen biologisch-klimatischen Fragen in der näheren Umgebung des Wohnorts nachgehen. Noch besser ist es, wenn man Gleichinteressierte kennt und mit diesen gemeinsam arbeitet.

Methodik

Soll die Entwicklung von Pflanzen im Jahresablauf festgehalten werden, eignen sich nur solche Merkmale, die gut zu sehen und eindeutig anzusprechen sind. Das Längenwachstum von Sprossen z. B. oder das Flächenwachstum von Blättern gehören nicht dazu, da beide als quantitative Veränderungen kontinuierlich ablaufen und außer-

Phänologische Beobachtungen

Die phänologischen Entwicklungsstufen oder Phasen bei Wildpflanzen

b = Beginn der Blüte
Die ersten Blüten sind vollständig geöffnet, d.h. die Staubgefäße sind zwischen den entfalteten Blütenblättern sichtbar und geben Blütenstaub (Pollen) ab. Bei Pflanzen ohne auffällige Kronblätter, also z.B. bei Kätzchenblütlern, Gräsern und Seggen, müssen die Staubgefäße heraushängen und stäuben. Das Stäuben ist gut zu beobachten, wenn man leicht gegen den Blütenstand schlägt.

ab = allgemeine Blüte oder Vollblüte
Die Hälfte der Blüten eines Individuums ist geöffnet und gibt Blütenstaub ab.

BO = erste Blattoberflächen sichtbar
Die ersten Blätter sind vollständig entfaltet und ganz aus der Knospe herausgeschoben. Ihre Oberflächen sind ganz sichtbar, doch müssen die Blätter noch nicht die endgültige Größe erreicht haben.

M = Maitrieb der Nadelhölzer
Die ersten Knospenhüllen sind aufgerissen. Die ersten neuen, noch hellgrünen Nadeln sind sichtbar, aber noch gebündelt und nicht spreizend.

f = Fruchtreife
Die ersten Früchte sind reif. Bei saftigen Früchten ist dies der Zeitpunkt der endgültigen Verfärbung, bei trockenhäutigen Früchten der Zeitpunkt des spontanen Aufplatzens der Hülle bzw. des Ausfallens der Samen.

LV = Laubverfärbung
Über die Hälfte aller Blätter an einem Fundort ist herbstlich verfärbt. Vergilbte oder dürre Blätter als Folge großer Trockenheit oder Hitze oder extremer Standorte gelten nicht als herbstliche Laubverfärbung.

Phänologische Beobachtungen

dem von Individuum zu Individuum schwanken. Man muß deshalb qualitative Veränderungen heranziehen, die mit einem Wechsel des physiologischen Zustands im Innern der Pflanze zu tun haben:

> die Belaubung nach der Winterruhe, die Samenkeimung, die Blüten- und Fruchtbildung, den Laubfall am Ende der Vegetationsperiode.

Was als Merkmal für die Praxis in Frage kommt, ist je nach Pflanzenart verschieden.
Wann diese Entwicklungsstufen, die als **Phasen** bezeichnet werden, eintreten, ist vom Erbgut jeder Art abhängig. Der Zeitpunkt ist in der Regel für alle Individuen einer Art (fast) der gleiche. Findet die Beobachtung an derselben Art und am selben Wuchsort statt, dann ist die unterschiedliche Reaktion der Pflanzen (fast) ganz auf Witterungseinflüsse zurückzuführen.
Bäume, Sträucher und andere Ausdauernde sind deshalb besonders gut für phänologische Studien geeignet, da man Jahr für Jahr dieselben Individuen begutachten kann.
Sollen Vergleiche zwischen verschiedenen Gegenden gezogen werden, braucht man standardisierte Methoden. Alle Mitarbeiter müssen sich dann auf bestimmte Arten und bestimmte Phasen einigen. Die Beobachtungsnetze richten sich nach diesem Prinzip. Um Einheitlichkeit zu erreichen, werden Anleitungen herausgegeben, in denen die Einzelheiten erklärt sind.

Was wird notiert?
Die Phasen werden mit dem Datum notiert, an dem sie eintreten. Man verwendet dabei nicht das Kalenderdatum (z. B. 14. Juli), sondern die **Jahrestagszahl,** d. h. die Anzahl der Tage seit Jahresbeginn (im Beispiel: 195). [Der 29. Februar von Schaltjahren wird nicht gezählt.]
Dieses Vorgehen hat den Vorteil, daß von mehreren Beobachtungen leicht Mittelwerte berechnet werden können.
Selbstverständlich reicht es, die Beobachtungen in beliebiger Form aufzuschreiben und sich dabei nach den persönlichen Interessen zu richten. Übersichtlich für Eintragungen sind Kalender, z. B. Taschenkalender, die stets auf den Wanderungen mitgeführt werden.
Wer als Melder in einem Beobachtungsnetz mitarbeitet, erhält vorgedruckte Unterlagen: Dazu gehört ein Tagebuch bzw. ein Kalender in spezieller Ausgestaltung (siehe S. 47); darin sind auf der Randleiste diejenigen Phasen gelistet, die erfahrungsgemäß in dem betreffenden Zeitraum eintreten. Außerdem werden Meldebögen und Meldekar-

Mai

Montag 17 137. Tag		
Dienstag 18 138. Tag		
Mittwoch 19 139. Tag		
Donnerstag 20 140. Tag	Christi Himmelfahrt	
Freitag 21 141. Tag		
Samstag 22 142. Tag		
Sonntag 23 143. Tag		
Montag 24 144. Tag		

Esche	BO
Falscher Jasmin	b
Wiesenfuchsschwanz	**ab**
Knaulgras	**ab**
Goldregen	b
Robinie	BO, b
Holunder	**b**
Sommerlinde	**b**
Winterlinde	b
Kiefer	b
Fichte	b
Tanne	b
Schneebeere	b
Winterweizen	**Ä**
Sommergerste	**Ä**
Sommerweizen	**Ä**
Hafer	**Ä**
Winterroggen	**ab**
Spätkartoffeln	**Bg**
Grünpflück-Bohnen	b
Tomaten, Auspflanzen	
Wiese, **Beginn des Heuschnitts**	
(s. Obstsortenliste S. 48)	
Süßkirschen (früh)	**f**
Erdbeeren (früh)	**f**
Weinreben	b, ab, e

Ausschnitt aus dem »Tagebuch für die phänologischen Beobachtungen 1982« des Deutschen Wetterdienstes. In das Tagebuch werden die eigenen Daten eingetragen. Zur Erinnerung sind in dem Zeitraum die Phasen genannt, die nach langjähriger Mittelung dann gewöhnlich eintreten. Außer Wildpflanzen werden im phänologischen Netz auch Kulturpflanzen (Getreide, Obst, Wein) erfaßt. Auf diese beziehen sich die Kürzel **Ä** (Ährenschieben), **Bg** (Bestand geschlossen) und **f** (Ende der Blüte).

ten ausgegeben, auf denen die zu beobachtenden Arten vorgedruckt sind und nur die Jahrestagszahl einzutragen ist.

Die Phasen werden mit Kennbuchstaben hinter den Pflanzennamen bezeichnet (siehe S. 45).

Probleme beim Beobachten

Wer phänologische Beobachtungen macht, wird dabei auf Probleme stoßen, die ihm die Arbeit erschweren. Diese Probleme verteilen sich auf zwei Ursachen: natürliche und menschliche.

Vielfalt des Erbguts Wenn auch die Individuen einer Art miteinander verwandt sind, heißt das nicht zugleich, daß sie identisches Erbgut haben. Genetische Vielfalt kann sich verschieden äußern, im Aussehen, im bevorzugten Standort oder, was hier interessiert, im unterschiedlichen Phaseneintritt. Selbst innerhalb einer Population gibt es manchmal Unterschiede von einigen Tagen, z. B. beim Blühbeginn der Schlehe *(Prunus spinosa)* in einer Hecke oder bei der Blattentfaltung der Birke *(Betula pendula)* in einem Wald.

Werden Pflanzen einer Art von entfernten Gegenden verglichen, ist der Sachverhalt noch kritischer einzuschätzen. Viele Wildarten sind in geographische Rassen differenziert, die unterschiedlich auf das Klima reagieren. Bei der Auswertung von Beobachtungsdaten ist daher stets zu prüfen, ob ein Vergleich überhaupt zulässig ist. In den organisierten Beobachtungsnetzen wird versucht, diese Fehlerquellen durch die Einrichtung phänologischer Gärten auszuschalten. Etwa 60 gibt es derzeit über Europa ver-

Rapsfelder sehen einheitlich aus, da die Pflanzen genetisch und phänologisch gleich sind.

teilt. In diesen Gärten sind verschiedene Arten angepflanzt, meist Gehölze, wofür man jeweils Pflanzen mit einheitlichem Erbgut ausgewählt hat. Der Gefahr, geographisch verschiedene Rassen zu beobachten, ist so vorgebeugt. Gleicher Phaseneintritt kann bei genetisch homogenen Beständen schön beobachtet werden. Dafür eignen sich vor allem Kulturpflanzen, bei denen des Ertrages wegen auf einen einheitlichen Standort hin gezüchtet wird; man sehe sich z. B. Getreide- oder Rapsfelder an.

Physiologischer Zustand Pflanzen reagieren manchmal abhängig vom Alter. Bei Bäumen ist das auffällig; während die Baumschicht noch kahl ist, sind die Blätter in der Strauchschicht schon entfaltet. Ferner reagieren kranke Pflanzen gewöhnlich phänologisch anders als gesunde.

Auswirkung des Standorts
Topographische Unterschiede wirken sich fast immer auf die Phase aus; an Südhängen z. B. setzt die Entwicklung früher ein als an Nordhängen. Verzögerungen gibt es in Kältelöchern; diese können durch unterirdische Wasseradern bedingt sein, von denen man ohne die Pflanzen als Indikatoren nichts wüßte. Begünstigte Stellen sind geschützte Lagen an Waldrändern etwa oder in Siedlungen auf der Leeseite der Gebäude.

Die aufgezählten natürlichen Problemfälle müssen bei der Feldarbeit unbedingt beachtet und notiert werden. Werden Daten für ein großräumiges Projekt gesammelt, und beobachtet man lokale Diskrepanzen, dann muß man nach der persönlichen Ortskenntnis einen ›mittleren‹ Phaseneintritt notieren an Pflanzen, deren Standort keine auf das Gebiet bezogene extremen Kennzeichen aufweist.

Menschliche Unzulänglichkeiten Kritisches Vorgehen ist bei der Beurteilung von Phasen oberstes Gebot. Aber selbst bei gutem Willen läßt sich zwischen mehreren Beobachtern nicht immer Übereinstimmung erzielen; Notierungen können 1–2 Tage voneinander abweichen. Der Grund liegt darin, daß die kritische Zeitspanne, während der der Phaseneintritt erfolgt, längere Zeit dauern kann. Dann ist es sehr schwierig, den exakten Termin anzugeben. Bei Unsicherheiten sollte man daher auf die Zeitspanne von vielleicht 2–3 Tagen hinweisen, was ehrlicher ist als ein genaues Datum. Die Verzögerung des Phaseneintritts tritt häufig dann ein, wenn sich kurz vor dem kritischen Zeitpunkt das Klima verschlechtert; ein Kälteeinbruch im Erstfrühling kann z. B. die Blattentfaltung der Buche *(Fagus sylvatica)* um eine Woche und mehr verschieben.

Während der vorige Fall von der Pflanze abhängt, man selbst also keinen Einfluß hat, treten gelegentlich auch Fehler auf, Irrtümer, die zu vermeiden wären. Das sind zum einen Bestimmungsfehler, denen man mit selbstkritischer Distanz entgegenwirken sollte, und das sind zum anderen (un)bewußte Falschmeldungen mit subjektiven Ursachen. Gerade zu Beginn der Vegetationsperiode am Winterende fühlt man sich verleitet, die Phase vorzeitig zu notieren, man möchte, daß der Frühling endlich einsetzt und hilft etwas nach – so wird das Schneeglöckchen *(Galanthus nivalis)* ein häufiges »Opfer«.

Hinzu kann kommen, daß sich das Bild von einer Phase, das man im Gedächtnis fixiert zu haben glaubt, von Jahr zu Jahr etwas ändert. Daher ist der Erfahrungsaustausch mit anderen Beobachtern zur gegenseitigen Kontrolle sehr nützlich.

Nutzen phänologischer Erhebungen

Die Daten werden hauptsächlich nach zwei Gesichtspunkten ausgewertet:

■ Verschiedene Beobachtungen an derselben Art werden in **phänologischen Karten** vereint, entweder in der Form von Jahreskarten oder in der Form von Mittelwertkarten, in welche die Beobachtungen mehrerer Jahre eingearbeitet sind. Bei der Herstellung der Karte verbindet man alle Orte mit gleichem Phasen-

Phänologische Beobachtungen

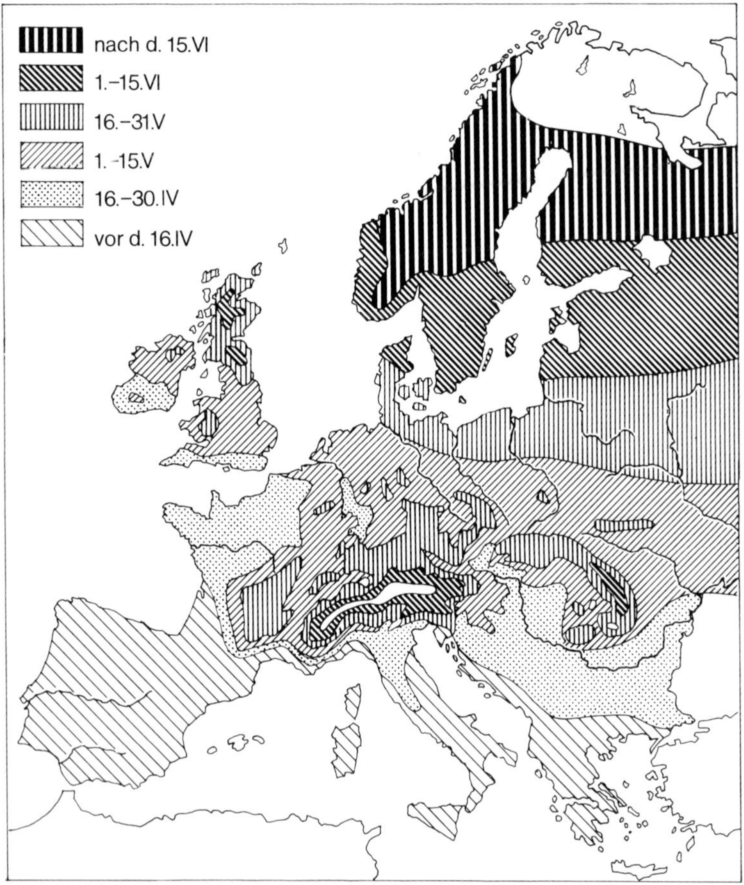

Beginn des Vollfrühlings in Europa Dargestellt ist der Beginn der Blüte beim Flieder *(Syringa vulgaris)* b; siehe S. 52. Die Karte ist eine der ersten phänologischen Karten überhaupt (von 1885). Die Daten wurden von einem phänologischen Netz gesammelt, das die Gießener Botaniker Hoffmann und Ihne aufgebaut hatten. Für jede Beobachtungsstation ist der Phaseneintritt über Jahre gemittelt, jede Signatur umfaßt 15 Tage. Die phänologischen Linien verlaufen parallel zu den Breitengraden, außer in den Gebirgen, wo mit zunehmender Höhe eine Verzögerung eintritt, und außer im atlantischen Westeuropa, wo durch den Golfstrom die begünstigten Zonen weiter nach Norden reichen.

eintritt durch Linien, die sogenannten Isophanen.
Die phänologischen Karten sind Klimakarten. Sie haben einen ähnlichen Charakter wie Karten für einzelne Klimawerte (Temperatur, Niederschlag, usw.), die direkt gemessen werden, sie sind diesen zum Teil aber überlegen, weil die Pflanzen nicht auf einen, sondern auf alle Klimafaktoren am Standort insgesamt reagieren.
Als Ergebnis von Beobachtungsnetzen entstehen großräumige Karten wie etwa die für den Frühlingseinzug in Europa. Wer für sich in einem kleinen Gebiet beobachten will, kann genau so phänologische Karten entwerfen. Sie können z. B. eine gute Ergänzung zu Vegetationskarten (siehe S. 103ff.) sein.
■ Beobachtungen von verschiedenen Arten an einem Ort werden zu einem **phänologischen Kalender** vereint. Gruppen von benachbarten Phasen bilden die phänologischen Jahreszeiten (siehe S. 52f.). Diese sind im Gegensatz zu den astronomischen Jahreszeiten nicht am Kalender, sondern am tatsächlichen Klimaverlauf, d. h. dem Vegetationsablauf orientiert.
Werden die phänologischen Kalender mehrerer Jahre aus einem Gebiet verglichen, zeigt sich, daß Beginn und Dauer der phänologischen Jahreszeiten stark schwanken. Die Phaseneintritte bis etwa Ende April (Vor- und Erstfrühling) streuen am meisten, teilweise bis zu 90 Tagen, während die Streuung für den Rest des Jahres fast konstant bei etwa 35 Tagen liegt.
Auch ist die Reihenfolge der Phasen an einem Ort nicht konstant, was als phänologische Interzeption bezeichnet wird; Schneeglöckchen *(Galanthus nivalis)* und Hasel *(Corylus avellana)* z. B. können abwechselnd den Vorfrühling einleiten.

Phänologische Beobachtungen haben große praktische Bedeutung, vor allem für die Landwirtschaft, für die ein wöchentliches Mitteilungsblatt im agrarmeteorologischen Dienst erscheint. Weitere Anwendungsgebiete sind die Forstwirtschaft, der Gartenbau, die Imkerei; auch mit verschiedenen Wissenschaften gibt es Berührungspunkte, allen voran mit der Meteorologie, mit der Geographie und nicht zuletzt mit der Botanik.
In Europa bestehen zahlreiche Beobachtungsnetze mit kontinentalem, nationalem und regionalem Umfang und mit verschiedenen Zielen. Die Zahl der Mitarbeiter geht in die Tausende, allein in der Bundesrepublik sind es 2600. Einige Netze arbeiten schon seit vielen Jahren und führen zum Teil die im vorigen Jahrhundert begonnenen Beobachtungen weiter.

Phänologischer Kalender

Die Abkürzungen der Phasen sind auf S. 45 erklärt.

Vorfrühling

Hasel *(Corylus avellana)* b, Schneeglöckchen *(Galanthus nivalis)* b, Huflattich (*Tussilago farfara,* Abb.) b, Leberblümchen (*Hepatica nobilis,* Abb. S. 112) b.

Erstfrühling

Busch-Windröschen *(Anemone nemorosa)* b, Schlehe *(Prunus spinosa)* b, Roßkastanie (*Aesculus hippocastanum,* Abb.) BO, Esche *(Fraxinus excelsior)* b, Rotbuche *(Fagus sylvatica)* BO.

Vollfrühling

Flieder (*Syringa vulgaris,* Abb.) b, Apfel *(Malus domestica)* b, Roßkastanie b, Eberesche *(Sorbus aucuparia)* b, Himbeere *(Rubus idaeus)* b.

Frühsommer

Schwarzer Holunder (*Sambucus nigra,* Abb.) b, Robinie *(Robinia pseudacacia)* b, Liguster *(Ligustrum vulgare)* b, Sommer-Linde *(Tilia platyphyllos)* b, Johannisbeere *(Ribes rubrum)* f, Winter-Linde *(Tilia cordata)* b.

Hochsommer
Weiße Lilie *(Lilium candidum)* b, Kornblume (*Centaurea cyanus,* Abb.) b, Heidelbeere *(Vaccinium myrtillus)* f, Himbeere f, Ernte des Winter-Roggens *(Secale cereale).*

Spätsommer
Ernte der Sommer-Gerste *(Hordeum distichon),* Besenheide *(Calluna vulgaris)* b, Eberesche f, Schwarzer Holunder f, Kornelkirsche (*Cornus mas,* Abb.) f.

Frühherbst
Herbstzeitlose (*Colchicum autumnale,* Abb.) b, Liguster f, Roßkastanie f.

Vollherbst
Stiel-Eiche *(Quercus robur)* f, Rotbuche f, Laubbäume (Abb.) LV.

Spätherbst
Ernte der Futterrüben *(Beta vulgaris),* Blattfall der Laubbäume (Abb.), Aufgang des Winter-Weizens *(Triticum aestivum).*

Phänologische Beobachtungen

Phänologie in der Botanik

Obwohl phänologische Beobachtungen zuerst wesentlich von Botanikern mitgetragen wurden, spielen sie heute in der Botanik eine Nebenrolle, zu Unrecht, wie es aussieht. Die Vegetationskundler bedienen sich ab und zu phänologischer Methoden, die Systematiker weit seltener.
Hier öffnet sich dem Hobbybotaniker ein reizvolles Betätigungsfeld, wo er auf Neuland vorstoßen kann. Einige Hinweise auf offene Fragen mögen vielleicht Anregung zur Betätigung oder zum Weiterdenken sein.
Wer in seiner engeren Umgebung mit phänologischen Studien beginnen will, muß sich darüber klar werden, was die Methode leisten kann. Vor allem sind die Einschränkungen zu bedenken, die bezüglich der Genauigkeit gelten. Denn je kleiner das Untersuchungsgebiet ist, um so feiner sind eventuelle phänologische Differenzen, was bedeutet: um so genauer muß das Verfahren sein. Beobachtungen müssen daher sorgfältig erfolgen, möglichst immer an denselben Individuen.
Welche Fragen können phänologisch untersucht werden? Da sind beispielsweise die eingangs auf S. 47 f. besprochenen natürlichen Problemfälle, welche besonders für die Mitarbeiter an Beobachtungsnetzen störend sind. In Umkehrung des Gedankengangs kann man gezielt diesen Problemen nachgehen.
Auf einzelne Arten bezogene Fragestellungen sind:

- die Vielfalt des Erbguts in einem kleinen Gebiet oder sogar innerhalb einer Population (siehe S. 47)
- phänologische Unterschiede nah verwandter Arten

Dieser Aspekt ist von den Systematikern nicht genügend beachtet worden. Es gibt bekannte Fälle, doch sind das sicher nicht alle.
Hierher gehören die saisonalen Ökotypen bei den halbschmarotzenden Gattungen der Rachenblütler *(Scrophulariaceae)*, siehe S. 40, die oft auch als Saisondimorphe bezeichnet werden. Die Arten dieser Gattungen treten jeweils in mehreren Typen auf, die zu verschiedenen Zeiten blühen (z. B. Frühsommer, Sommer, Herbst) und anders aussehen.
Bei den Orchideen gibt es einige Beispiele für verwandte Arten mit versetzter Blütezeit. Die phänologische Trennung verhindert recht gut die Bastardierung; denn man findet kaum natürliche Hybriden, obwohl die Arten kreuzbar sind. Beispiele: Blasses und Stattliches Knabenkraut (*Orchis pallens* und *O. mascula*), oder Breitblättriges und Geflecktes Knabenkraut (*Dactylorhiza majalis* und *D. maculata*).
Ebenfalls in der Blütezeit differen-

Stattliches (links) und Blasses Knabenkraut (rechts) *(Orchis mascula* und *O. pallens)* sind nah verwandt und leicht kreuzbar. Trotzdem gibt es relativ selten Bastarde, da die Arten am selben Standort zu verschiedenen Zeiten blühen.

ziert, doch nicht kreuzbar sind die Magerwiesen- und die Fettwiesen-Margerite *(Leucanthemum vulgare* und *L. ircutianum*). Die Liste kann durch genaue Beobachtung sicher noch verlängert werden.

- das unterschiedliche Verhalten einer Art in zwei Pflanzengemeinschaften

Auch hierfür liegen wenig Beobachtungen vor. Der Fieberklee *(Menyanthes trifoliata)* blüht in nährstoffarmen Zwischenmooren früher als in nährstoffreichen Flachmooren.

- das unterschiedliche Verhalten einer Art in Abhängigkeit vom Standort (siehe S. 48)

Arbeiten mehrere Beobachter gemeinsam an einem Problem, dann ist eine genaue Absprache nötig, damit nicht durch individuell abweichende Beurteilung des Phaseneintritts das Endergebnis verfälscht wird. Am besten ist es, man trifft sich von Zeit zu Zeit im Gelände und »eicht« den Blick.

Phänologie im Naturschutz

Für die Ausarbeitung von Pflegeplänen (siehe S. 142) ist eine Voraussetzung, über den Vegetationsablauf in Schutzgebieten Bescheid zu wissen. Durch phänologische Beobachtungen ist zu klären, wann wichtige Pflanzengemeinschaften und Arten sich entwickeln und wann die Pflegemaßnahmen durchgeführt werden müssen, damit keine Verluste entstehen.

Anlegen von Karteien

Dokumentation

Beobachten, notieren, diskutieren – diese drei Tätigkeiten bilden gemeinsam das Betätigungsfeld des botanisch Interessierten, wenn er sich mit der Pflanzenwelt im speziellen und mit der Umwelt im allgemeinen eingehend beschäftigt. Dabei wird sich sein Wissen ständig erweitern, eigene Beobachtungen und von anderen vermittelte Erfahrungen tragen gleichermaßen zur Bereicherung der Kenntnisse bei. Wenn die Fülle der Eindrücke übergroß wird, ist bald die Grenze erreicht, jenseits der Neues nicht mehr uneingeschränkt aufgenommen werden kann. Für solche Fälle stehen reichlich Hilfsmittel zur Verfügung, die es einem erlauben, das Wesentliche vom Unwesentlichen zu trennen und Details nicht allein im Gedächtnis zu bewahren, sondern auf andere Weise zu dokumentieren. Man kann den altbewährten Weg beschreiten und schriftliche Aufzeichnungen machen, oder man kann sich moderner Hilfsmittel bedienen wie z. B. des Fotoapparats und des Kasettenrecorders.
Was zu dokumentieren als wichtig erachtet wird, hängt ganz von den persönlichen Neigungen ab. Im Kontakt mit Gleichgesinnten, ebenso wie durch das Anwachsen der persönlichen Erfahrung wird die eigene Interessensphäre vertieft und erweitert. Dokumente, die zuerst nur für den Eigenbedarf bestimmt waren, kommen so nach und nach in einen größeren Zusammenhang.
Wenn man sich schon die Mühe macht und Beobachtungen festhält, sollte man sich aus diesen Gründen von Anbeginn an Genauigkeit gewöhnen. Jeder macht irgendwann die Erfahrung, daß er auf Einzelheiten zurückgreifen möchte, die er früher als weniger wichtig eingeschätzt hatte. Daher gilt als allgemeine Regel für Notizen:

Lieber Weniger genau als Vieles oberflächlich.

Es ist eine gute Methode der Rückversicherung bei allen Aufzeichnungen, sich zu fragen:

Würde eine andere, unbeteiligte Person den Sachverhalt eindeutig und klar verstehen?

Diesen Maßstab einzuhalten, ist keineswegs so schwer, wie es sich im ersten Moment anhört. Denn ein bestimmtes Maß an Sorgfalt ist nicht mit größerem Aufwand verbunden, sondern erfordert nur ein klein wenig mehr an Überlegung vorher und eine bessere Organisation der Tätigkeit.

Anlegen von Karteien

Der Wert persönlicher Unterlagen ist unbestritten, wenn sie später allgemein zugänglich werden. Viele Daten würden sonst verloren gehen, weil sie nie veröffentlicht werden; hierzu ein Beispiel: die Verbreitungsangaben in Lokalfloren beruhen oft zu einem großen Teil auf unveröffentlichten Hinweisen, die der Autor von Hobbybotanikern, die er kannte, erhalten hat. Für uns heute kann es geradezu spannend sein, in botanischen Tagebüchern zu lesen, die mehrere Jahrzehnte alt sind.
Das Was und das Wie der Dokumentation über Pflanzen wird in den folgenden Abschnitten mit Beispielen besprochen. Die Pflanze selbst als konservierten Beleg zu erhalten ist eine gute Methode; viele Details können dann noch nachträglich untersucht werden. Oder man konserviert Teile der Pflanze, z. B. Samen oder Holzstücke. Auch Fotos und Zeichnungen können einen Eindruck von der lebenden Pflanze vermitteln. Schließlich gibt es auch die Möglichkeit, die Pflanze nicht als Einzelorganismus, sondern in der Gesamtheit der Vegetation zu sehen und den Wechselwirkungen zwischen den Pflanzen sowie zwischen ihnen und der Umwelt nachzugehen. Dem Pflanzenkundler eröffnet sich ein weites Feld, was er beobachten, untersuchen und dokumentieren kann.

Kartei für Einzelfunde

Eine Eintragung des Fundorts in das Bestimmungsbuch: Wer hat nicht schon selbst schnell auf diese Weise einen bemerkenswerten Fund notiert, um ihn nicht zu vergessen. Eine bessere Methode ist es zweifellos, ein Notizbuch zu verwenden. Man hat darin mehr Platz, braucht sich nicht auf das mindeste zu beschränken und kann auch auffällige Merkmale der Pflanze oder Einzelheiten zum Wuchsort notieren. Wenn sich im Laufe der Zeit die Eintragungen vermehren, ist allerdings bald die Grenze erreicht, etwas Bestimmtes wiederzufinden. Ein Inhaltsverzeichnis, das am Ende des Notizbuchs angelegt wird, mag den Nachteil etwas mindern.
Für den floristisch Interessierten, der die Pflanzenwelt zielstrebig kennenlernen will, sind Zettel für die Notizen günstiger, weil sie sich nach verschiedenen Gesichtspunkten in Karteien sortieren lassen.

Das »Wann« und »Wie« der Kartei
In ihr werden Einzelbeobachtungen festgehalten, das bedeutet, für jeden Fund wird ein gesonderter Zettel ausgefüllt: mehrere Zettel für verschiedene Arten an einem Wuchsort ebenso wie für eine Art an verschiedenen Wuchsorten. Da der Umfang der Eintragungen rela-

Anlegen von Karteien

Flora von Hessen 95001

Name: Wahlenbergia hederacea

Fundort: Rüsselsheimer Wald westl. Walldorf zwi. Abt. 4 und 5 Mtbl.: 5719/34

Landschaft: 232.120 Mönchwald und Dreieich

Standort: feuchte Stellen an Forstwegen: an 4 Stellen Nähe Spießtränk-/Lausee-Schneise

Menge: kleine Populationen, mit Agrostis canina

in Literatur: Erstfund: Mönch 1845

in Herbar: –

gesammelt am: – von: –

beobachtet am: 2. Sep. 1981 von: K.P. Buttler & W. Schnedler

Gefährdung: akut wegen Startbahnbau

Beispiel einer Karteikarte für eine Einzelbeobachtung (Abb. der Art rechts unten).

tiv gering ist, sind Zettel in Format DIN A7 (halbe Postkartengröße, 74 × 105 mm) ausreichend.
Welche Funde man schriftlich fixiert, bleibt der persönlichen Einschätzung und dem Interesse überlassen. Sicher spielt dabei die Seltenheit eine Rolle. Man sollte sich dann jedoch nach der eigenen Erfahrung richten, wie oft man in seiner Umgebung auf eine Art trifft. Die Angaben in Bestimmungsbüchern (verbreitet – zerstreut – selten) gelten meist nur für große Gebiete und sind lokal oft irreführend. Und nach dem Motto: »eine große Kartei ist mehr Wert als eine kleine« ist es wünschenswert, auch häufigere Arten zu erfassen. Wie eine Art tatsächlich verbreitet ist, stellt sich vielfach erst später heraus.
Die Kartei für Einzelfunde muß so genau wie möglich geführt werden, wenn sie sinnvoll sein soll.
Als Richtlinie für die Eintragung gilt:

> Einen anderen in die Lage versetzen, den Fundort in der Natur oder auf einer Landkarte wiederzufinden.

Zu der vollständigen Angabe gehören:

- die Einordnung in den Großraum, d.h. Land und Landkreis oder Naturraum, am besten beides

- die Beschreibung des Fundorts, also: nächstgelegene Siedlung (Gemeinde, Ortsteil), Flurnamen, Entfernung und Richtung zu markanten Geländepunkten oder Bauwerken; auch die Kilometersteine an Straßen, Bahnlinien und Flüssen eignen sich gut zur Orientierung
- die Höhenlage

Außer den geographischen Daten sind die Angaben von Beobachtungsdatum und Beobachter unerläßlich. Darüber hinaus sind alle zusätzlichen Informationen erwünscht, die Näheres zur Pflanze aussagen: Größe des Bestandes, Notizen zum Standort, zur Begleitflora und zum Status. Hierfür gilt Gleiches wie für das Schreiben der Herbaretiketten, siehe S. 82 ff.

Moorglöckchen *(Wahlenbergia hederacea).*

Hilfsmittel

Ein hervorragendes Hilfsmittel, um Fundorte zu lokalisieren, sind die topographischen Karten 1 : 25.000 und 1 : 50.000. Sie werden von den staatlichen Vermessungsämtern herausgegeben und sind dort erhältlich. Beim Kauf im Buchhandel ist darauf zu achten, daß man die neueste Auflage erhält. Für viele Gebiete gibt es sie in speziellen Ausgaben mit Wander- und Radwegen. Das Geld für einige Karten mit den häufiger besuchten Exkursionszielen ist auf jeden Fall gut angelegt.

Die topographischen Karten bieten einen weiteren Vorteil: anhand des aufgedruckten Gitternetz-Systems kann ein Fundpunkt auf wenige Meter genau festgelegt werden, indem man seine geographischen Koordinaten ermittelt. Die deutschen Karten 1 : 25.000 sind mit einem 1-km^2-Gitter versehen, das auf dem Gauß-Krüger-Meridianstreifen-System beruht. Auf den Karten 1 : 50.000 muß man die Linien selbst ziehen, weil das System nur am Kartenrand markiert ist. Die Schweizer Karten beider Maßstäbe besitzen ein vergleichbares Gitter, das jedoch auf einer anderen Basis beruht und daher mit anderen Koordinatenwerten bezeichnet ist. Auf den neuen österreichischen Karten 1 : 50.000 ist das Gauß-Krüger-Netz nicht eingetragen, nur die veraltete Serie

Anlegen von Karteien

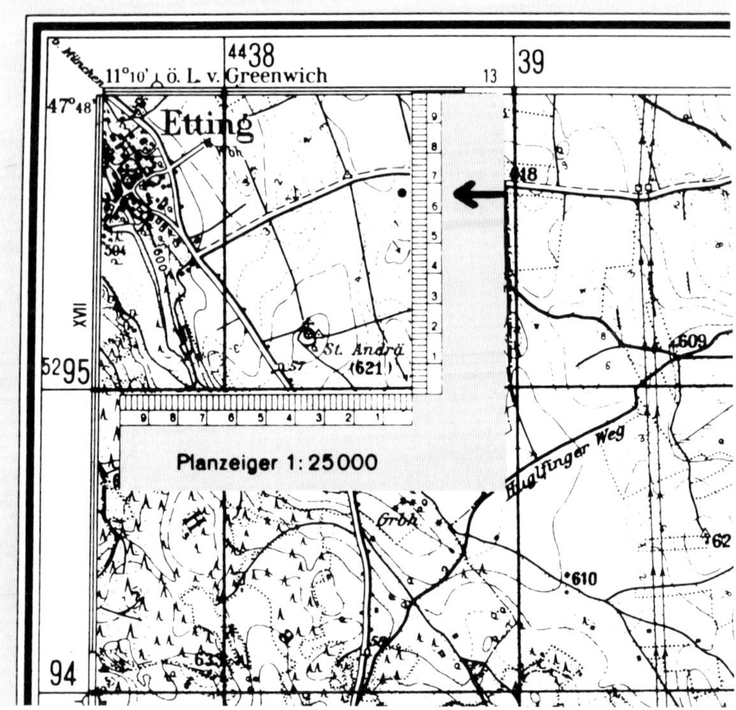

Bestimmung des Rechts-Hoch-Wertes
Der Wert gibt an, wie viele Meter ein Punkt von der nächstgelegenen senkrechten und waagerechten Gitterlinie entfernt ist. Man bestimmt die Lage mit einem sogenannten Planzeiger. Zum Ablesen wird die waagerechte Teilung so an eine waagerechte Gitterlinie gelegt, daß die senkrechte Teilung den zu bestimmenden Punkt berührt. Der Rechts-Wert wird an der waagerechten Teilung bei der nächsten linken senkrechten Gitterlinie, der Hoch-Wert an der senkrechten Teilung abgelesen. Die Angabe erfolgt in Metern, wobei eventuell nicht ablesbare Werte stets bis zur Angabe des vollen Meters durch Nullen ersetzt werden, d. h. die Werte sind siebenstellig.
Im Beispiel ist der Planzeiger der besseren Übersicht wegen um jeweils 20 m (=4/5 mm) nach unten und rechts verschoben. Der eingetragene Punkt hat die Koordinaten rechts $^{44}38620$, hoch $^{52}95650$.
Statt eines Planzeigers kann jedes Lineal mit Millimeter-Einteilung benutzt werden. Man mißt zuerst von der senkrechten Gitterlinie nach rechts, dann von der waagerechten Gitterlinie nach oben und rechnet auf Meter um.

1:75.000 enthält es. Die Koordinaten für einen Punkt werden als Rechts-Hoch-Wert bezeichnet.

Ordnungsprinzip

Die Zettel der Kartei für Einzelfunde werden gewöhnlich nach den Pflanzennamen sortiert. Übersichtlich ist eine alphabetische Ordnung innerhalb der Familien und Gattungen. Jede andere funktionierende Ordnung, die den persönlichen Bedürfnissen vielleicht besser entspricht, ist ebenso gut.

Anwendungsmöglichkeiten und Bedeutung

Eine solche Kartei für Einzelfunde bietet Anwendungsmöglichkeiten, die über das einmalige Feststellen einer Art hinausgehen. Raritäten oder aus anderen Gründen interessante Arten lassen sich Jahr für Jahr verfolgen. Die Bestätigung an sich ist schon sinnvoll, weiter kann z. B. in die Kartei aufgenommen werden, wie die Art auf Klimabedingungen reagiert, wieviel Pflanzen blühen, wann sie blühen, wie der Fruchtansatz ist, welche Schädlinge auftreten oder welchen Gefährdungen der Bestand ausgesetzt ist und anderes mehr.
Eine besondere Bedeutung haben Negativmeldungen. Wird eine Art an einem bekannten Wuchsort nicht wiedergefunden, ist das unbedingt einen Eintrag in die Kartei wert. Falls die Gründe für das Verschwinden ersichtlich sind, werden sie angegeben. Gerade zu diesen Fragen besteht in unserer heimischen Flora, die doch sonst recht gut bekannt ist, ein beachtliches Informationsdefizit.
Karteien für Einzelfunde haben für die Kenntnis der heimischen Flora überhaupt eine überragende Bedeutung. Viele wurden in privater Initiative angelegt und erst später, als ihr Umfang beachtlich geworden war, von wissenschaftlichen Instituten oder Vereinigungen übernommen und weitergeführt. Die Kartei der Arbeitsgemeinschaft mitteldeutscher Floristen z. B. umfaßt heute mehrere Hunderttausend Eintragungen. Erwähnt sei noch, daß die Karten ohne große Mühen und Kosten an Bekannte weitergegeben werden können: 8 zusammengelegt ergeben eine DIN A4-Kopierseite.

Kartei für Artenlisten

Macht man Aufzeichnungen im Gelände mit der Absicht, den Pflanzenbestand eines bestimmten Gebiets zu erfassen, wird man die Artenliste später sinnvollerweise als ganzes ablegen. Ob man unabhängig davon einzelne Arten in die Kartei für Einzelfunde übernimmt, muß sich von Fall zu Fall ergeben.

5918/12

Frankfurt-Stadtwald: Gebiet NW des Buchrainweihers 11. Apr. 1982

1. Waldstück N Kreuzung Hügel-/Neuwiesen-Schneise

a) Kiefernpflanzung:

Pinus sylv. Ilex aquif. E Dryopteris filix-mas
D. carthus.

b) Bombentrichter (c. 100 m NE Hüg., c. 40 m NW Neu.), mit Gartenabfällen:

Digitalis purp. (? E) Galanthus niv. E
Scilla siberica E Iris spec. (juv.) Mahonia aquif. E

c) Buchenwald am Bombentrichter:

Viola reichenb. Galium odor. Poa nemor.
Ribes uva-c. E Ilex aquif. E

2. Waldstück S Kreuzung Hüg./Neu.:

Fagus Larix dec. K Acer platan. (juv.)
Acer ps.-plat. (juv.) Ribes uva-c. E Picea K
Rubus frut. Sambucus nigra Evonymus eur.

Anemone nem. Poa nemor. Hedera Convallaria maj. Lamiastrum (? galeobd.)

3. Waldrand am Ende der Hügelschneise:
Viola odor. Stellaria holost. Geum urb. Alliaria
Geranium robert. Galium apar. Chaerophyllum tem.

4. Brachfeld vor dem Waldrand (vor 3.), Sand:
Veronica hederif., persica, polita Stellaria media
Lamium amplex., purp. Cirsium arv. Conyza can.
Medicago arabica Capsella Artemisia vulg.

R

Wie legt man eine Artenliste an?
Als Format empfiehlt sich das DIN A5-Blatt (148 × 210 mm), zum einen, um ausreichend Platz für Eintragungen zu haben, zum anderen, da es gedruckte Geländelisten dieses Formats für die floristische Kartierung gibt, auf denen die Arten nur anzustreichen sind (siehe das Beispiel auf S. 120 f.).
Je kleiner die Fläche ist, auf die eine Liste Bezug nimmt, umso besser läßt sich das Notierte später verwerten. Werden etwa die Pflanzen einer Tageswanderung von vielen Kilometern zusammen aufgelistet, war die Mühe fast umsonst; später, nachdem die Erinnerung verblaßt ist, fehlen die Einzelheiten, wo z. B. wuchs die Art, wie häufig war sie. Viele kleine Detail-Listen sind daher wenigen großen Gesamt-Listen vorzuziehen. Wer durch seine Beschäftigung mit der Botanik Fachkontakt mit anderen bekommt und um Rat gefragt wird, z. B. in Sachen Naturschutz, wird froh sein, genaue Aufzeichnungen zu haben.
Zur Artenliste gehören ergänzend die ökologischen Daten des Standorts (siehe S. 82). Denn erst durch sie wird der Zusammenhang klar, weshalb an einem Fundort die beobachtete Artenkombination vorkommt. Man sollte sich also bemühen, kommentierte Listen anzufertigen. Wenn das Auge nach einiger Übung geschärft ist, wird einem dies auch gelingen.
Eine besondere Form der Artenlisten sind die Vegetationsaufnahmen (siehe S. 88 ff.).

Beispiel für eine Artenliste Die Beobachtungen im Gelände wurden auf ein Blatt vom Format DIN A5 eingetragen. Die Notizen stammen von einer Frühjahrswanderung im Stadtwald von Frankfurt a. M. Dabei wurde keine Gesamtliste angelegt, sondern es wurden die Arten von kleineren Flächen getrennt notiert. Für andere und später ist dadurch das Wiederfinden im Gelände erleichtert. Auffällige Geländepunkte wie ein Bombentrichter werden durch Angabe der Entfernung von den nächsten Wegen genauer lokalisiert, für die dort wachsenden Arten wird der Status angegeben (siehe S. 124), sofern es sich nicht um Einheimische handelt. Die Artenliste wird nach der Nummer für das Kartierungs-Grundfeld abgelegt (siehe S. 133), wodurch sie jederzeit ohne Mühe herausgesucht werden kann.

Ordnungsprinzip
Die Artenlisten werden am besten nach geographischen Gesichtspunkten sortiert. Folgende Möglichkeiten der Ordnung gibt es:

- nach den Nummern der topographischen Karten
- nach Naturräumen
- nach Verwaltungsbezirken (Landkreisen, Gemeinden)

Im übrigen sollte man sich von seinen Interessen leiten lassen und nur darauf achten, daß man jede Liste mit möglichst geringem Zeitaufwand wiederfindet.

Pflanzen fotografieren

Wer Spaß am Fotografieren hat, kann sich der Flora auch mit der Kamera in der Hand nähern. Fotos, schwarzweiße wie farbige, sind hervorragend geeignet, Gesehenes für später festzuhalten – und sich gleichzeitig dabei naturforschend zu betätigen. Nur davon soll hier die Rede sein; Pflanzenaufnahmen mit künstlerischem Blickwinkel oder gelegentliche Schnappschüsse auf Urlaubsreisen sind ein anderes Kapitel. Aber das eine braucht das andere ja nicht auszuschließen.
Anders als der Tierfotograf, der hinter der Beute oft »herjagen« oder sich anpirschen muß, hat es der Pflanzenfotograf um einiges leichter. Entsprechend weniger speziell braucht seine Ausrüstung zu sein, was nicht zuletzt dem Geldbeutel zugute kommt.
Hier nun in wenigen Zeilen einen nur annähernd kompletten Überblick über die technischen Möglichkeiten zu geben, ist unmöglich. Diese Informationen sind im Fachhandel oder in Fachbüchern besser zu haben. Dagegen können einige allgemeine Hinweise gegeben werden:
Die Kamera sollte den Nahbereich erschließen, der bis zum Abbildungsmaßstab 1:1 reicht, und möglichst auch schwache Vergrößerungen zulassen, also in den Makrobereich einzudringen vermögen. Heute sind in verschiedenen Preislagen eine Reihe von Objektiven auf dem Markt, die diesen Anforderungen gerecht werden.
Durch die Verwendung von Vorsatzlinsen oder eines Balgengeräts ergeben sich weitere Möglichkeiten. Beim Stand der Technik tut es manchmal schon eine »normal« ausgerüstete Spiegelreflexkamera, zumindest für den Anfang. Und welche Ausrüstung der einzelne benutzt, das ist zuweilen eine Glaubensfrage.
Für Nahaufnahmen ist es wichtig, ein Objektiv zu wählen, das einen ausreichenden Arbeitsabstand zuläßt. An Hilfsmitteln benötigt man oft noch einen Elektronenblitz und ein Stativ, damit bei stärkster Abblendung der Schärfentiefenbereich voll ausgenutzt wird. Ein Maßstab, mit dem Objekt fotografiert, erleichtert es später, die Größe des Objekts zu erkennen.
Stativ und Drahtauslöser sind allgemein sehr nützlich. Zwar laufen Pflanzen nicht weg, sie bewegen sich aber oft im Wind; man kann den Apparat aufbauen und in Ruhe auf eine Flaute warten – ebenso wie auf das Auftauchen der Sonne aus einer Wolkenwand.

Rücksicht nehmen

An dieser Stelle soll bereits auf die bestehenden Naturschutzbestim-

Kein nachahmenswertes Beispiel: Fotografen zertreten die Vegetation, um eine attraktive Schwertlilie *(Iris)* aufzunehmen.

mungen hingewiesen werden. Dem Fotografen gebieten sie, daß er in Schutzgebieten die Wege nicht verläßt. Diese Vorschrift ist notwendig, wenn auch vielleicht etwas schmerzlich, falls eine interessante Pflanze einige Meter abseits wächst. Auch in anderen Gebieten sollte der Fotograf darauf bedacht sein, sich rücksichtsvoll in der Vegetation zu bewegen. Er darf nicht einer Aufnahme wegen mehrere Quadratmeter um die Pflanze platttreten oder andere Pflanzen, die im Blickfeld stehen, ausreißen. Man sollte meinen, das verstünde sich von selbst. Doch leider nur zu oft bleiben nach dem Fotografieren diese wohlbekannten »Badewannen« zurück. In einigen Ländern waren die Zerstörungen in viel besuchten Biotopen so schwerwiegend, daß der Gesetzgeber ein darauf bezogenes Störverbot ausgesprochen hat.

Fotos wozu?

Viele Pflanzenfotos werden auf Reisen aufgenommen. Man will sich von der Art, die man vielleicht so bald nicht wiedersehen wird, ein Bild bewahren, im wörtlichen wie im übertragenen Sinn. Es ergibt sich dann fast von selbst, die Fotos auch anderen zu zeigen und für Vorträge und Veröffentlichungen zu verwenden.

Die Fotos sind eine wichtige Hilfe zum Erweitern der Artenkenntnis. Man kann Arten, die man zu verschiedenen Zeiten und an verschiedenen Orten angetroffen hat, später zu Hause nebeneinander vergleichen und sich die Unterschiede einprägen. Bei seltenen Arten sind Fotos eine gute Gedächtnisstütze. Man kann sie ab und zu betrachten und die Kenntnis auffrischen.

Mit Fotos können genauso Fundorte dokumentiert werden, sofern die Art nicht nur einmal, sondern wiederholt an verschiedenen Stellen aufgenommen wird – man erhält eine bebilderte Kartei für Einzelfunde. Weiter eignen sich Fotos hervorragend, die Variation einer Art zu belegen; denn verschiedene Exemplare ein und derselben Art können z. B. im Wuchs oder in der Blütenfarbe stark voneinander abweichen, man spricht dann von morphologischen oder farblichen Varianten.

Pflanzen fotografieren

Fotos als Dokumente

Wird das Fotografieren nicht als Selbstzweck betrieben, sondern aus botanischen Interessen, dann kommen zu den fotografisch-technischen noch andere Arbeiten hinzu. Das Foto wird erst dann zum Dokument, wenn die Umstände der Aufnahme ebenso festgehalten werden wie die Angaben zur aufgenommenen Pflanze. Der Pflanzenfotograf wird daher stets ein Notizbuch bei sich haben, in das er alles Notwendige einträgt. Er muß sich Gedanken machen, wie er Foto und Begleitdaten später so unterbringt, daß sie gemeinsam zur Verfügung bleiben.

Portrait der Gefleckten Taubnessel *(Lamium maculatum)*: Standort (links), Habitus (Mitte), Ausschnitt aus dem Blütenstand (rechts).

Was sammeln

Die häufigste Form der Fotosammlung ist die von Pflanzenportraits. Ein Portrait soll das, was fotografisch abzubilden ist, auch wirklich zeigen: den Standort; die Pflanze als ganzes, das heißt ihren Habitus; Details in Nahaufnahme, die für das Erkennen nötig sind, wie Blüten, Früchte, Grundblätter, usw. Ein Pflanzenportrait wird daher im allgemeinen aus einer Bildserie bestehen. Nimmt man an einem Wuchsort mehrere Exemplare einer Art auf oder stammen die Details von verschiedenen Exemplaren, wird das vermerkt und später z. B. in der Begleitkartei festgehalten.

Wie sammeln

Was muß zu der Aufnahme notiert werden? Zum einen die fototechnischen Daten: verwendetes Objektiv, Blende, Belichtungszeit, Tageszeit und eventuell Lichtverhältnisse, Entfernung zur Pflanze, Datum usw. Zum anderen die Daten zur Pflanze: mindestens der Fundort, wenn möglich zusätzliche Angaben zum Standort, zur Begleitflora und zum Status – es sollte mit derselben Akuratesse vorgegangen werden, die für das Schreiben der Herbaretiketten gilt, siehe S. 82ff.

Ordnungsprinzip

Die Aufbewahrung der Fotos will wohlüberlegt sein. Es bieten sich

zwei Ordnungsprinzipien an: nach dem Aufnahmedatum und nach der Pflanzenart. Einerseits möchte man die Bilder einer Reise bzw. eines Gebiets griffbereit haben, andererseits möchte man das Foto einer bestimmten Art schnell finden bzw. wissen, ob eines vorhanden ist. Mit einem Zettelkatalog, der parallel zur Fotosammlung geführt wird, ist beides optimal zu lösen.
Eine chronologische Ordnung für die Fotos, die man zur Kennzeichnung fortlaufend numeriert, und eine botanische für die Begleitkartei ist dem umgekehrten Verfahren vorzuziehen. Denn kommen neue Aufnahmen dazu, ist es bei weitem einfacher, einen Zettel in die Kartei einzusortieren als ein Foto (Dia, Abzug oder Negativ) in die Fotosammlung. Zudem lassen sich die notierten Angaben besser auf der Karteikarte als auf dem Foto unterbringen. Eine für diesen Zweck angelegte Begleitkartei kann auch unabhängig benutzt werden und hat den gleichen Wert wie eine Kartei für Einzelfunde (siehe S. 57).

Foto kontra Herbarbeleg

Ein Streit, der gelegentlich mit einer gehörigen Portion Argwohn geführt wird, geht darum, ob es richtiger sei, eine Pflanze zu fotografieren oder sie als Beleg zu sammeln. Wer zu Herbarpflanzen keine Beziehung hat, für wen das »nutzloses Heu« ist, der wird an einem Foto zweifellos mehr Freude haben; wer aber meint, auf einem Foto könne man sowieso nichts erkennen, der sollte

Pflanzen fotografieren

Beispiel für eine Begleitkartei zur Diasammlung. Die Karteikarte trägt die Angaben zum Fundort; oben rechts stehen Diakasten, Magazin und Bildnummer (links Karteikarte, rechts Dia).

das Fotografieren lassen. Beide sind im Unrecht.

Der **Herbarbeleg** hat den Vorzug, daß er viele Strukturen der lebenden Pflanze kaum verändert zeigt. Das gilt nicht immer, doch in der überwiegenden Zahl der Fälle – und gerade deshalb wird das Herbar in der botanischen Forschung so geschätzt. Ein **Foto** kann den gleichen Zweck erfüllen, wenn es mit Sachkenntnis aufgenommen wurde, d. h. wenn der Fotograf wußte, auf welche Merkmale es ankommt.

Manche Pflanzengruppen eignen sich sehr schlecht für die Konservierung als Herbarbelege, in der heimischen Flora z. B. die Sukkulenten (siehe S. 80) und die Orchideen. Sie trocknen kaum, verändern die Farbe und weichen am Ende stark vom frischen Zustand ab. Man sollte sie deshalb lieber fotografieren. Bei den Orchideen geht es schon deshalb nicht anders, weil für sie gesetzliches Sammelverbot gilt.

Ein Foto ist der gepreßten Pflanze also immer dann überlegen, wenn dreidimensionale Strukturen und Farben dokumentiert werden sollen. In solchen Fällen ist es eine gute Lösung, den Herbarbelegen Bildabzüge mit den kritischen Details beizufügen. Die Antwort auf unsere Streitfrage heißt dann: Foto **und** Herbarbeleg.

Biotope im Bild

Pflanzen beobachten heißt nicht allein: die Formenvielfalt, d. h. die Arten kennenlernen; sondern auch:

die Umgebung der Pflanzen wahrnehmen, das Verständnis für den Zusammenhang zwischen Art und Standortseinflüssen entwickeln. Der erfahrene Fotograf hat für beides gute Voraussetzungen. Er ist geübt, vor einer Aufnahme den besten Blickwinkel zu finden – und er wird, wenn er die einzelne Pflanze in ihrer Umwelt sieht und fotografiert, dabei den Gesetzmäßigkeiten auf die Spur kommen.
Aussagekräftige Aufnahmen von Biotopen zu machen, ist nicht leicht, aber möglich und reizvoll. Was vor dem Auge als bunte, reich differenzierte Wiese erschien, wird auf dem Foto unter Umständen zum Einheitsgrün, wenn nicht Position und Beleuchtung gut gewählt waren. Es kann beispielsweise hilfreich sein, sich der jahreszeitlichen Aspekte zu bedienen. Die Vegetation durchläuft rhythmische Zyklen, und als Folge davon sind bestimmte Standortstrukturen zu wechselnden Zeiten mehr oder weniger gut zu sehen. Eine Hecke etwa, die im Sommer als einheitliches Dickicht erscheint, läßt im Frühjahr zur Schlehenblüte den Aufbau in Kern- und Randzone erkennen. In anderen Fällen kann der beste Zeitpunkt außerhalb der Blütezeit liegen, wenn einzelne Arten weiter ausgetrieben sind und durch die Färbung hervorstechen. Das gilt z. B. für Wiesenflächen; feuchte Bereiche sind im Herbst nach der zweiten Mahd durch die Binsen, die das Gras überragen, deutlich hervorgehoben.
Lohnend für den Pflanzenfotografen sind Zonierungen. Sie sind dort vorhanden, wo sich die Standortsbedingungen über ein Gebiet gleichmäßig, aber geringfügig ändern und eine wechselnde Abfolge im Pflanzenbewuchs verursachen. Auffällig sind sie an Gewässern, wenn mehrere deutlich verschiedene Vegetationsgürtel einander auf engem Raum ablösen. Verbreitet sind sie ferner im Übergangsbereich zwischen Wald und offenem Wiesen- oder Weideland. Wer darauf achtet, wird Zonierungen an vielen Stellen entdecken.
In einem sind Fotos unübertroffen: Änderungen im Pflanzenbewuchs zu dokumentieren. Mit der Flora ist es ähnlich wie mit Personen, die man täglich um sich hat; die kleinen, stetigen Wechsel nimmt man kaum wahr, und wird man sich später irgendwann bewußt, wie anders das augenblickliche Aussehen ist, dann fällt die Rückerinnerung schwer. Ein Bild gewinnt daher mit den Jahren immer mehr an Wert. Wer sich diesem Aspekt der Pflanzenfotografie verschreibt, hat heute genügend zu tun. Straßen- und Wegebau, Entwässerung, Bachregulierung, Änderung von Anbaumethoden, Vergiftung der Umwelt –

Die Zonierung an Gewässern läßt sich bei geeigneter Wahl des Blickwinkels durch Fotos gut belegen. Im Bild ein kleiner Moorsee in Oberschwaben. Auf die Schwimmblattgesellschaft mit Seerose folgen am jenseitigen Ufer aufeinander: Großseggen-, Schilf-, Gebüsch- und Gehölz-Gürtel. Im Vordergrund ist der Großseggen-Gürtel angeschnitten.

all das wirkt sich auf die Vegetation insgesamt und die einzelnen Biotope in unterschiedlichem Grad aus. Wenn auffällige Arten verschwinden, wird dies noch registriert, doch der mehr schleichende Wandel der Lebensräume bleibt oft unbeachtet. Die gezielte fotografische Dokumentation kann dem abhelfen. Serienaufnahmen, die über Jahre zur gleichen Zeit aus derselben Position angefertigt werden, können Änderungen im Artenbestand gut belegen. Die nächsten Generationen werden dankbar für solche Aufnahmen sein.

Noch einige Worte zum Verfahren. Um den Fotos ihren dokumentarischen Wert zu geben, muß die geographische Lage des Biotops notiert und dem Foto beigefügt werden. Man wird sich dafür eine geeignete Methode ausdenken müssen. Außerdem sollte man die Position bei der Aufnahme und die Blickrichtung festhalten, z. B. mit einer Lageskizze oder durch Nennen der geographischen Koordinaten (siehe S. 59f.). Nur so geht man sicher, den Punkt später wiederzufinden, und erspart sich selbst und anderen unnötige Suche.

Was ist ein Herbarium?

Das Herbarium, oder kurz Herbar genannt, ist eine Sammlung von gepreßten und getrockneten Pflanzen, die etikettiert und in Papier aufbewahrt werden. Herbarien sind für einige Disziplinen der Botanik, etwa für die Systematik und die Pflanzengeographie, als Arbeitsgrundlage notwendig. Die ältesten Sammlungen stammen aus dem 16. Jahrhundert, sie wurden von Naturforschern, Apothekern und Medizinern in der Form meist großformatiger Buchbände angelegt. In modernen Sammlungen werden die Pflanzen auf steifem Karton montiert, sie sind dadurch leichter zu handhaben. Das neueste Register der Herbarien (der »Index herbariorum«) verzeichnet etwa 2100 Herbarien, die sich über die ganze Welt verteilen; die Zahl der konservierten Pflanzenbelege wird auf fast 200 Millionen geschätzt.

Liste von Orten mit Herbarien

Die Abkürzungen bedeuten: F = Forschungsinstitut (oder Versuchsanstalt), G = botanischer Garten, K = Kloster, N = Naturkundemuseum, U = Universität, V = Verein (oder Gesellschaft).

Bundesrepublik
Bad Godesberg (F)
Berlin (N, U)
Bonn (F, U)
Bremen (N)
Dortmund (G)
Duisburg (U)
Düsseldorf (U)
Erlangen (U)
Frankfurt (F)
Freiburg (U)
Göttingen (U)
Hamburg (U)
Hannover (F)
Heidelberg (U)
Karlsruhe (N)
Kassel (N)
Kiel (U)
Lübeck (N)
Ludwigsburg (N)
Mainz (U)
Marburg (U)
München (N)
Münster (N)
Osnabrück (N)
Regensburg (V)
Stuttgart-Hohenheim (U)
Tübingen (U)
Wuppertal (N)
Würzburg (U)

Schweiz
Basel (U, V)
Bern (U)
Chur (N)
Genf (N)
Lausanne (N)
Neuenburg (U)
Schaffhausen (N)
Zürich (G, U)

Österreich
Admont (K)
Dornbirn (N)
Graz (N, U)
Illmitz (F)
Innsbruck (N, U)
Klagenfurt (N)
Linz (N)
Salzburg (N, U)
Wien (F, N, U)

Bedeutung für die Wissenschaft

Für die Wissenschaft haben Herbarien verschiedene Funktionen. Wenn Pflanzengruppen systematisch untersucht werden, Arten beschrieben und gegeneinander abgegrenzt werden, spielen dabei fast immer auch getrocknete Pflanzen eine bedeutende Rolle. Der einzelne Forscher kann gewöhnlich weder all die Gebiete selbst aufsuchen, wo die Pflanzen, mit denen er arbeitet, wachsen, noch hat er den Platz, zahlreiche Pflanzen zu kultivieren und lebend zu beobachten. Er wird daher die Belege verschiedener Herbarien ausleihen und sich auf diese Weise einen Überblick

Das Herbarium

verschaffen beispielsweise von der Variation und der Verbreitung einer Art. Wenn wir wie selbstverständlich ein Bestimmungsbuch benutzen, sollten wir uns klarmachen, daß die Herbarien am heutigen Kenntnisstand von der Flora einen großen Anteil haben.
Getrocknete Pflanzenbelege sind außerdem als historische Dokumente wichtig. Mit ihnen lassen sich Veränderungen in der Flora rekonstruieren. So ist manche bei uns früher heimische Art nur noch in Herbarien erhalten. Auch ist eine nachträgliche Überprüfung der gesammelten Pflanzen möglich. Dies kann notwendig sein, wenn neue Forschungsergebnisse überprüft werden sollen, wenn Zweifel an einer Bestimmung auftauchen oder wenn der Angabe eines Autors nachgegangen werden soll.

Bedeutung für den Laien

Sieht man von ihrer Bedeutung für die Fachleute ab, können Herbarien auch für den Hobbybotaniker von Nutzen sein. Für ihn treten Probleme vornehmlich beim Bestimmen auf. Oft ist unklar, wie ein bestimmtes Merkmalspaar im Schlüssel zu verstehen ist (was vielfach an der Qualität des Schlüssels liegt), oder die Entscheidung fällt schwer, um welche Art einer Gruppe ähnlicher

Der Kleefarn *(Marsilea quadrifolia)* ist in Deutschland ausgestorben. Nur Herbarbelege zeugen vom früheren Vorkommen (siehe S. 167).

Arten es sich handelt. Wer dann ein Herbar zur Hand hat und vergleichen kann, wird besser zum Ziel kommen. Ist kein öffentliches Herbar in der Nähe, bleibt als eine mögliche Lösung die Anlage eines privaten Vergleichsherbars.

Worauf achten?

Der Standard privater Sammlungen sollte dabei dem der großen wissenschaftlichen Herbarien entsprechen. Dies bedeutet, daß bestimmte Sorgfaltsregeln beim Sammeln und Präparieren der Pflanzen und bei der Etikettierung der Belege zu beachten sind. Für den privaten Gebrauch mag das überflüssig erscheinen, doch erhält die Sammlung erst dadurch einen bleibenden wissenschaftlichen Wert und wird für andere Interessierte benutzbar. Es wäre schade um die Mühe und

die Zeit, wenn sich eine Sammlung als wenig brauchbar erweisen sollte, und sei es nur wegen mangelnder Kenntnis in der Herbartechnik.
Auch daran sollte man denken: Jedes Herbarium ist unersetzlich. Es wäre ein Jammer, wenn die Sammlung verloren ginge, nur weil die Erben damit nichts anzufangen wissen. Man sollte rechtzeitig regeln, was mit ihr geschieht. Die großen öffentlichen Sammlungen sind über jeden Zugang hocherfreut, denn gut geführte Privatherbarien enthalten erfahrungsgemäß stets wertvolle Belege.
Auf dem Weg vom Einsammeln der Pflanze bis zum fertigen Herbarbeleg sind verschiedene Arbeiten zu verrichten. Dafür gibt es zwar einen Rahmen von Grundregeln, aber keinen starren Vorschriftenkatalog.
Welche technischen Hilfsmittel verwendet werden, hängt davon ab, welche Pflanzen und wie viele gesammelt werden. Im allgemeinen gilt, daß mit wenig Aufwand gute Ergebnisse zu erzielen sind. Wer aber Spaß am Experimentieren hat, kann nach ausgefeilten Verfahren suchen und eine individuelle, verbesserte Technik entwickeln. Die nachfolgenden Angaben enthalten daher in erster Linie die wichtigen Grundregeln mit Hinweisen auf einfache Hilfsmittel.
Wer ein Herbarium neu anlegen will, sollte sich vorab über das Verfahren und die benötigten Hilfsmittel informieren. Manche unnütze Anschaffung läßt sich dann vermeiden. Wesentlich ist vor allem, sich über das Format Gedanken zu machen. Damit sind die Hilfsmittel verknüpft, die den größten Teil der Kosten eines Herbars ausmachen: die Pressen, das Herbarpapier und die Behälter zur Aufbewahrung. Diese drei Bereiche müssen aufeinander abgestimmt werden. Es kann nicht nur teuer sein, wenn man nachträglich auf ein anderes Format umstellen muß, sondern ist in jedem Fall zeitraubend und ärgerlich.

Das Sammeln

Was vor allem anderen kommt

> Geschützte Pflanzen dürfen nirgends vom Standort entfernt werden.

Dieser volle Schutz ist in Naturschutzgebieten und Nationalparks auf alle Pflanzen ausgedehnt. Das heißt jedoch keineswegs, daß die Pflanzen anderswo sämtlich freigegeben sind; weitere Einschränkungen im Sinne von Selbstbeschränkung gelten für:

- die Arten der Roten Listen

Ihre Vorkommen dürfen durch Sammler nicht noch geschmälert

werden (den Zweck der Dokumentation erfüllt z. B. ein Foto ebenso).
■ die Arten, deren Populationen nur wenige Individuen groß sind
Das Entfernen von Pflanzen würde möglicherweise die Ausrottung des Bestandes bedeuten.

Im Zweifelsfall wird der verantwortungsbewußte Naturfreund auf einen Herbarbeleg verzichten. Das Pflanzensammeln setzt also Grundkenntnisse voraus von Arten, biologischen Zusammenhängen und von Gesetzen. Wer ein Herbar anlegt, muß sich diese aneignen.

Wieder zu Hause nach der Exkursion: Die gesammelten Pflanzen stecken nach Arten getrennt in Papiertüten, diese in Plastikbeuteln.

Grundregeln

- vollständig sammeln
- sinnvoll sammeln
- Daten notieren

Pflanzen bis etwa zur 3- bis 4-fachen Länge des Herbarformats werden ganz mitgenommen, einschließlich ihrer unterirdischen Organe. Von höherwüchsigen Exemplaren können nur Teile ins Herbar genommen werden. Von einem 2 m hohen Baldrian *(Valeriana)* z. B. werden der Blütenstand, ein Stück aus dem mittleren Stengelbereich und der Stengelgrund mit Grundblättern und Ausläufern eingesammelt. Von Holzgewächsen sind Zweige mit Blüten und Früchten ausreichend.

Nach Möglichkeit sollen typische Exemplare ausgewählt werden, d. h. Pflanzen, die dem Durchschnitt der Population entsprechen. Ist die Variation in einem Bestand groß, empfiehlt es sich, mehrere Exemplare mit unterschiedlich ausgebildeten Merkmalen zu sammeln. Nicht geeignet sind, außer für Spezialsammlungen, abnorme Bildungen, z. B. Zwergformen, oder kranke und beschädigte Exemplare.
Sinnvoll sammeln heißt auch, daß die Merkmale, die zum Erkennen der Art benötigt werden, zu sehen sind. Der günstigste Zeitpunkt ist gewöhnlich das Stadium der späten Blüte, wenn bereits die ersten Früchte reifen. In vielen Familien sind Früchte zur sicheren Bestim-

mung wichtiger als Blüten, Beispiele sind die Doldengewächse *(Apiaceae),* Kreuz- und Korbblütler *(Brassicaceae, Asteraceae).* Sterile Exemplare lassen sich dagegen oft selbst vom Spezialisten nicht einordnen. In manchen Fällen, z. B. bei Weide *(Salix)* und Rose *(Rosa)* sollten von derselben Pflanze zu verschiedenen Jahreszeiten Belege gesammelt werden, d. h. Zweige mit Blüten und später Zweige mit Früchten. Wer nicht schon durch Erfahrung weiß, worauf es ankommt, wird gut daran tun, vor dem Sammeln die Art zu bestimmen und dabei auf die Merkmale zu achten. Es lohnt nicht, das Herbar mit unbestimmbaren Belegen zu füllen. Beim Sammeln einer Pflanze soll all das an Ort und Stelle notiert werden, was im Herbar später nicht mehr zu sehen ist. Der Sammler mag zwar die Umstände im Gedächtnis behalten, für andere jedoch sind diese Informationen nur zugänglich, wenn sie dem Beleg beiliegen. Festgehalten werden müssen alle Eigenheiten der Pflanze, z. B. Färbungen von Laub und Blüten, die Wuchsform, usw.; das gilt besonders, wenn von hochwüchsigen Exemplaren nur Teile gepreßt werden. Erwünscht sind ferner Angaben zur Größe der Population, zu den Begleitpflanzen, zum Standort, kurzum zu allem, was dem Sammler auffällt.

Für die Notizen eignet sich z. B. ein handliches Feldbuch (Format etwa DIN A5) mit festem Einband. Jede gesammelte Pflanze wird getrennt eingetragen und am besten gleich numeriert, üblicherweise in fortlaufender Folge. Die Sammelnummern dienen dazu, die Belege unverwechselbar zu kennzeichnen, und kommen später auch auf das Herbaretikett. Unerläßlich sind sie, wenn von einer Art oder von ähnlichen Arten mehrere Belege eingesammelt werden; dann müssen die Pflanzen sofort markiert werden, um Verwechslungen auszuschließen, z. B. durch Anhängen kleiner Etiketten oder durch Aufbewahren in getrennten Tüten, auf denen die Nummern vermerkt sind. Sie können auch beim Einlegen auf die Einlegebögen geschrieben werden.

Hilfsmittel

Behälter Die Zeiten des als etwas schrullig belächelten Botanikers, der mit der grünen Botanisiertrommel durch Feld und Flur wandert, sind vorüber. Der Blechbehälter ist heute überflüssig, da es die weit besser geeigneten Frischhaltebeutel aus Plastik gibt. Praktisch sind solche, die sich mit einem Kordelzug dicht verschließen lassen. Darin bleiben die gesammelten Pflanzen eines Exkursionstages über Nacht oder länger frisch, falls in der Tüte durch Einfüllen von wenig

Wasser (1–2 hohle Hände voll) für eine wassergesättigte Atmosphäre gesorgt wird. Diese Methode empfiehlt sich dann, wenn viel gesammelt wird. Um eine Vermischung der Pflanzen zu vermeiden, werden die Exemplare einer Art jeweils zuerst in eine Papiertüte (Butterbrottüte) gesteckt, bevor sie in den Plastikbeutel kommen.
Allerdings ist die Aufbewahrung im Plastikbeutel für manche Pflanzen nicht vorteilhaft. Einige verlieren schnell die Blütenblätter, z. B. Lein *(Linum)* und Fingerkraut *(Potentilla)*, bei anderen krümmen sich die Stengel irreversibel, z. B. bei Kreuzblütlern *(Brassicaceae)*. Sie werden am besten sofort im Gelände in eine Sammelmappe eingelegt. Diese sind nichts anderes als leichte, transportable Pflanzenpressen, über deren Aufbau auf S. 77 berichtet wird. Werden nur wenige Belege mitgenommen, reicht die Sammelmappe mit ihrer geringeren Kapazität gewöhnlich aus.
Werkzeug Zur Ausrüstung sollten auch ein Handspaten und ein Messer gehören, um Pflanzen ausgraben oder Zweige abschneiden zu können.

Einlegen, Pressen, Trocknen

Um Pflanzen dauerhaft aufbewahren zu können, müssen sie präpariert werden. Die Standardmethode dafür ist die Trocknung unter Druck, als deren Ergebnis man den Herbarbeleg erhält. Die gepreßten und getrockneten Pflanzen haben gegenüber anders präparierten (z. B. in Alkohol oder Kunstharz aufbewahrten Exemplaren) mehrere Vorzüge, die auch den Siegeszug der Herbarien erklärbar machen: Die Pflanzen können bei geeigneter Lagerung fast unbegrenzt erhalten werden; die Pflanzen sind leicht zu handhaben, nehmen nur geringen Platz in Anspruch und können verschickt werden; die Pflanzen zeigen trotz der Veränderung beim Pressen noch erstaunlich viele Strukturen bis hin zum mikroskopischen Bereich und können daher später untersucht werden. Wer ungeübt ist, wird vor dem ›Heu‹ zurückschrecken, mit einiger Routine ist die Bestimmung einer gepreßten Pflanze dann aber kaum schwieriger als die einer frischen.
Die Grundregeln lauten:

- sorgfältig einlegen
- schnell trocknen und ausreichend pressen

Einlegen

Wie der Herbarbeleg aussieht, ob ästhetisch ansprechend oder unansehnlich, entscheidet sich als erstes beim Einlegen. Es lohnt sich

Beim Einlegen werden übereinander liegende und flächige Teile sorgfältig ausgebreitet.

also, etwas Mühe auf diese Tätigkeit zu verwenden. Am besten lassen sich nicht oder schwach angewelkte Exemplare in die gewünschte Lage bringen, das heißt, flächige Pflanzenteile (vor allem Blätter, Blüten) sollten flach gepreßt und nicht geknickt werden. Zu viel Manipulation ist jedoch verfehlt, es soll kein Kunstwerk gestaltet werden, vielmehr muß der fertige Beleg die natürlichen Strukturen so gut wie möglich zeigen. Blüten z. B., die stets glockig halb geschlossen bleiben, sollten nicht sternförmig ausgebreitet gepreßt werden. Welke Pflanzen einzulegen ist mühevoll. Sie werden am besten in einer feuchten Atmosphäre gehalten (Plastiktüte), bis sie sich erholt haben.
Exemplare, die das Format der Presse überragen, werden ein- oder mehrfach geknickt, also möglichst weder gebogen oder zerschnitten. Dicke Pflanzenteile wie z. B. die Körbe mancher Korbblütler *(Asteraceae)* oder Rhizome können längs halbiert werden.
Kleine, empfindliche Teile, besonders Blüten, schrumpfen oft, sofern sie an der Pflanze bleiben; man nimmt sie daher ab und legt sie extra. Alles, was sich loslöst, das sind vor allem Blüten, Samen und Früchte, wird in kleine Tüten eingefüllt und der Pflanze beigelegt.

Pflanzenpresse
Von der Hausmethode, Pflanzen mit scheren Lexikonbänden zu beschweren, bis zu großen Preß- und Trocknungsapparaten, die Berufsbotaniker verwenden, gibt es zahlreiche brauchbare Verfahren. Fragt man routinierte Pflanzensammler, dann schwört jeder auf sein eigenes System. Deutlich überlegen ist aber keines.
Zu einer Presse gehört üblicherweise folgendes Material:

- Papier zum Einlegen der Pflanze, als Doppelbogen gefaltet
Praktisch ist ein dünnes Papier, z. B. Seidenpapier, das die Feuchtigkeit nicht selbst speichert (Einlegebögen).
- saugfähige Zwischenlagen zum Aufsaugen der Feuchtigkeit aus der Pflanze
Geeignet sind verschiedene Mate-

rialien, z. B. Saugpappe, Filzpappe, Fließpapier oder auch Makulatur.

- Deckel und Riemen zur Erzeugung des Druckes

Als Deckel verwendet man Sperrholz oder Preßspanplatten (etwa 10 mm dick), doch sie dürfen sich nicht durchbiegen. Riemen mit Schnallen sind am günstigsten, weil sie sich stufenlos einstellen lassen, doch tun es auch Koffergurte mit Löchern. Ein anderes System gibt es im Handel: die Gitterpresse, bei der Ketten statt Riemen benutzt werden.

Wer weniger Geld ausgeben will, kann zum Einlegen und als Zwischenlage auch Zeitungen von minderer Papierqualität verwenden; auf Glanzpapier gedruckte Zeitschriften sind ungeeignet.

Pressen und Trocknen
Zum Format der Presse gibt es nur einen wichtigen Gesichtspunkt:

Es darf keinesfalls größer sein als das Herbarformat.

Ansonsten kann man sich davon leiten lassen, welches Papier preisgünstig lieferbar ist. Der Bereich von 25 × 35 bis 30 × 40 cm, also etwa halbe Größe der meisten Zeitungen, wird häufig benutzt.
Die Zwischenlagen werden beim Packen der Presse an die Dicke und Härte der Belege angepaßt; sie sollen nicht nur die Feuchtigkeit aufsaugen, sondern auch verhindern, daß an den trocknenden Pflanzen durch darüber- oder darunterliegende harte Teile Druckmarken entstehen.
Bei zu dicken Pressen funktionieren Druck und Trocknung nicht optimal. 20–25 cm Höhe sind ungefähr die Grenze. Hat man eine große Ausbeute zu bearbeiten, ist es von Vorteil, mehrere Pressen zu füllen. Der notwendige Druck (15–20 gr/cm^2) entsteht durch festes Anziehen der Riemen. Er darf nicht schwächer sein, weil dann die Pflanzenteile sich wellen oder schrumpfen, darf aber auch nicht zu stark sein, daß der Beleg zerquetscht wird.

Umlegen Der nächste Arbeitsgang ist das sogenannte Umlegen. Dabei werden die feucht gewordenen Zwischenlagen gegen trockne ausgetauscht. Der Zeitpunkt liegt 1–3 Tage nach dem Einlegen, je nach der Qualität des Preßpapiers und dem Wassergehalt der Pflanzen, und muß sich aus der Praxis ergeben. Das Umlegen wird anschließend täglich wiederholt und die trocknen Belege werden jeweils aus der Presse genommen. Die Trocknung ist meist nach 5–7 Tagen abgeschlossen.
Rasches Trocknen, d. h. regelmäßi-

ges Entfernen der feuchten Zwischenlagen garantiert, daß die Farben erhalten bleiben. Entsteht in der Presse ein Feuchtestau, dann färben sich die Pflanzen braun und werden unansehnlich. Überdies entsteht die Gefahr der Schimmelbildung.

Sollte es wegen ungünstiger Umstände einmal so weit gekommen sein, läßt sich der Schimmel durch Bepinseln mit Brennspiritus entfernen. Die Braunfärbung allerdings bleibt. Im Test mit einer »preß-kritischen« Pflanze kann man überprüfen, ob das individuelle Preßverfahren optimal ist. Behalten z. B. die blauen Blüten der Rundblättrigen Glockenblume *(Campanula rotundifolia)* ihre Farbe, ist alles in Ordnung, werden sie weiß oder gar braun, sind Verbesserungen nötig. Bei einigen Arten werden alle Bemühungen vergebens sein, sie verändern sich stets nach schwarz; dazu zählen z. B. die Schwarz-Weide *(Salix myrsinifolia)* und mehrere Labkraut-Arten *(Galium)*.

Wer mit einer Sammelmappe ins Gelände geht, wählt dafür sinnvollerweise das Format seiner Presse zu Hause. Anstelle der schweren

Spezieller Aufbau zum schnellen Trocknen. Die Presse wird mit Lagen zurechtgeschnittener Wellpappe (3) gepackt (siehe S. 80). Durch die Lamellen streicht warme Luft und nimmt die Feuchtigkeit weg. Als Wärmequelle kann z. B. ein Strahler dienen. (Nach J. E. Krach).

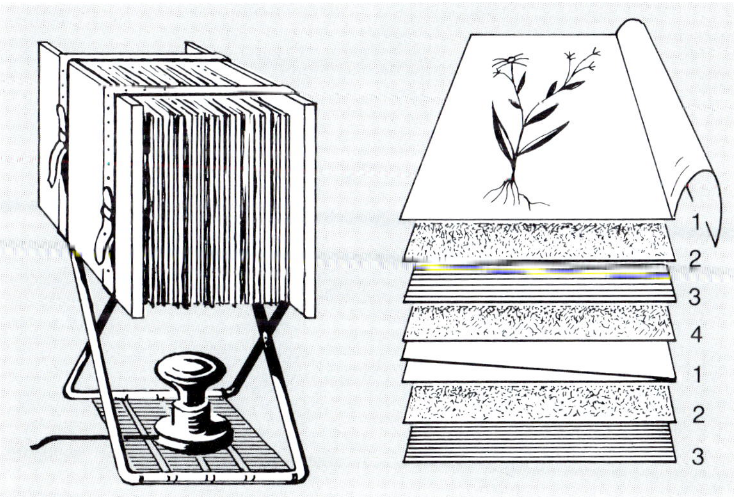

Holzbretter werden zwei kräftige Pappen benutzt, die mit Bändern oder Riemen zusammengebunden werden und so den Tag über für ausreichend Druck sorgen. Heimgekehrt, werden die eingelegten Pflanzen in die Presse überführt. Es ist ratsam, die Einlegebögen dabei nicht zu öffnen. Angepreßte Pflanzen, besonders zarte Blütenblätter oder feine Blattfiedern, neigen dazu einzurollen, wenn der Druck nachläßt, und sind später nur mühsam wieder flach zu legen. Das gilt übrigens auch für das erste Umlegen beim Pressen: beim Austausch der Zwischenlagen bleiben die Einlegebögen geschlossen.

Spezielle Verfahren
Wem das skizzierte Verfahren zu einfach erscheint, kann mit einigem zusätzlichen Aufwand den Trocknungsvorgang effektiver gestalten. Das Prinzip besteht darin, warme und trockne Luft durch die Papierstöße zu leiten und die Feuchtigkeit kontinuierlich zu entfernen. Die Preßdauer läßt sich auf diese Weise deutlich verkürzen und der Arbeitsaufwand wird weniger, weil das Umlegen entfällt. Zudem bietet das Verfahren mehr Sicherheit. An der Qualität der Belege ändert sich indessen nichts.
Die Presse wird wie beschrieben gepackt, doch zusätzlich werden Stücke zurechtgeschnittener Wellpappe eingefügt, deren Lamellen in der Querrichtung der Presse verlaufen. Bringt man nun unter die Presse eine Wärmequelle, z. B. einige Glühbirnen oder einen Infrarotstrahler, steigt die warme Luft durch die Lamellen auf und führt die Feuchtigkeit ab. Die Trocknung kann so bereits nach 1–2 Tagen abgeschlossen sein. Entscheidend ist, daß die Luft zirkuliert, besonders heiß muß sie nicht sein. Stehende Wärme wirkt sich sehr nachteilig aus, die Pflanzen fermentieren schnell. Der Backofen ist deshalb kein Ort zum Pflanzenpressen. Ebensowenig gehört die Presse in das pralle Sonnenlicht.
In botanischen Museen werden Trocknungsapparate eingesetzt, die nach dem gleichen Prinzip funktionieren, aber zusätzlich mit Gebläsen versehen sind. Wer im Sommer auf Reisen ist, kann ähnlich vorgehen und den Fahrtwind ausnutzen: die Presse wird mit den Lamellen in Fahrtrichtung auf dem Autodach befestigt.

Problempflanzen
Bei relativ wenigen Pflanzen der heimischen Flora hat das normale Preßverfahren kein befriedigendes Ergebnis. Vor allem die Sukkulenten widersetzen sich, das sind die Pflanzen mit fleischigen, sehr wasserreichen Geweben wie z. B. Fetthenne und Mauerpfeffer *(Sedum)*.

Bienen-Ragwurz *(Ophrys apifera),* frisch und gepreßt: Struktur und Farbe gehen verloren!

Sie liegen wochenlang in der Presse und wachsen sogar weiter. Bei ihnen müssen die Zellen zum Platzen gebracht werden, z. B. durch Überbrühen mit kochendem Wasser, durch Bügeln unter leichtem Druck oder durch Einfrieren in der Tiefkühltruhe. Anschließend wird unter häufigem Wechseln der Zwischenlagen getrocknet.
Problematisch sind auch Pflanzen mit nadelförmigen Blättern, so die Koniferen *(Coniferae)* und die Heidekraut-Verwandten *(Ericaceae).* Bei ihnen fallen die Nadeln während des Trocknens ab. Man kann dies verhindern, indem man die gut durchfeuchteten Zweige für 1–2 Tage in Glyzerin legt. Nach dem Abtropfen wird normal gepreßt.
Manche Pflanzen verfärben sich in der Presse schnell braun, meist wegen ihrer schlechten Trocknungseigenschaften. Beispiele sind die Nachtschattengewächse *(Solanaceae)* und die Wolfsmilch-Arten *(Euphorbia).* Auch die geschützten Orchideen *(Orchidaceae)* gehören dazu, die jedoch nicht gesammelt werden dürfen. Ein Verfahren zur Erhaltung der Farbe ist in diesem Fall das Schwefeln. Die Pflanzen werden mit einem glimmenden Schwefelfaden oder -blatt in einem geschlossenen Behälter so lange belassen, bis sie ausgebleicht sind. Beim Trocknen kehren die Farben wieder, allerdings nicht das Grün, weil das Chlorophyll von den Schwefeldämpfen zerstört wird und dann eine gelbliche Tönung annimmt.
Wasserpflanzen trocknen sehr schnell, da ihre Zellwände keinen speziellen Schutz gegen Verdunstung nötig haben. Schwierig ist dagegen manchmal das Einlegen. wenn die weichen Triebe und Blät-

ter in sich zusammenfallen. Man breitet dann die Pflanze unter Wasser in einer flachen Schale auf einem Bogen aus und zieht beide zusammen vorsichtig heraus.

Etikettieren

Der wissenschaftliche Wert eines Beleges steht und fällt mit seiner Beschriftung. Schon im eigenen Interesse sollte sich auch der Besitzer eines privaten Herbars an Genauigkeit gewöhnen, wenn es ans Schreiben der Etiketten geht. Die Erinnerung, die mit dem Sammeln eines bestimmten Belegs verknüpft ist, verblaßt nach und nach. Niemand kann im voraus wissen, was vielleicht in einigen Jahren an Einzelheiten gefragt ist, wenn etwa ein neuer Bestimmungsschlüssel erscheint oder ein Kollege etwas über den Standort erfahren möchte. Muß man sich dann eingestehen, daß man damals keine ausreichenden Notizen gemacht hat, ist das ärgerlich.
Ein anderer Aspekt, der sich oft erst später ergibt, ist die Zusammenarbeit mit Fachkollegen. Austausch und Ausleihe von Herbarbelegen ist ein vielbenutzter Weg, anderen zu helfen und selbst von der Tätigkeit anderer zu profitieren. Dazu benötigt man gut präparierte und beschriftete Belege.

Die **Mindestangaben,** die auf keinem Etikett fehlen dürfen, sind:
- der Fundort

Er ist so genau wie möglich zu beschreiben; die Einzelheiten sind auf S. 58 f. angegeben. Ferner ist es heute üblich, die Rasternummer der floristischen Kartierung zu nennen (siehe die Abb. S. 133).
- das Sammeldatum
- der Sammler

Eventuell wird hier die Sammelnummer angefügt. Auch Begleitpersonen werden gewöhnlich genannt.
- Bemerkungen zur Pflanze

Hierunter fallen alle Merkmale, die an der lebenden Pflanze zu erkennen waren und durch das Sammeln und Pressen verloren gingen. In der Hauptsache werden das die Notizen aus dem Feldbuch sein.

Zusätzliche Informationen sind erwünscht, je mehr, um so besser; dazu zählen:
- der Artname, falls er bekannt ist
- der Umfang der Population, d. h. wieviel Pflanzen der Art am Fundort vorhanden waren
- der Standort

Hinweise auf das engere Umfeld der Pflanze gehören zu den wichtigen Begleitdaten und sollten, sofern man sie beurteilen kann, notiert werden: Bodentyp, Gesteinsunterlage, hydrologische Situation, Klimadaten, Einflüsse durch den Menschen.

Beispiel eines Herbarbogens. Die Pflanze ist auf dem Karton befestigt. Unten rechts klebt das Etikett, das nochmals größer wiedergegeben ist. Lose Pflanzenteile werden in einer kleinen Tüte aufbewahrt.
Bei dem Herbarbeleg handelt es sich um die Bastard-Luzerne, eine Kreuzung zwischen der gelbblütigen wilden Sichel-Luzerne *(Medicago falcata)* und der blaublütigen mediterranen Saat-Luzerne *(M. sativa)*. Der häufig angebaute Bastard tritt spontan auch in Halbtrockenrasen auf, kenntlich oft an den Mischfarben.

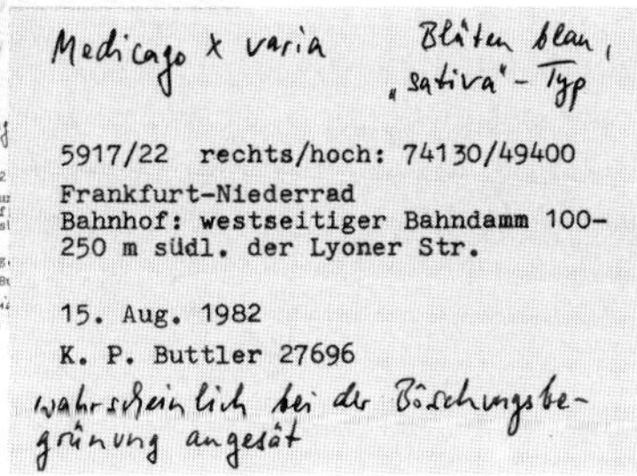
Medicago x varia Blüten blau, „sativa"-Typ

5917/22 rechts/hoch: 74130/49400
Frankfurt-Niederrad
Bahnhof: westseitiger Bahndamm 100-250 m südl. der Lyoner Str.

15. Aug. 1982
K. P. Buttler 27696
wahrscheinlich bei der Böschungsbegrünung angesät

■ die Begleitflora
Im allgemeinen reicht ein Hinweis auf den Vegetationstyp oder die Pflanzengesellschaft. Sind auffällige Begleitpflanzen vorhanden, wird man auch die notieren.
■ der Status
Wenn offensichtlich ist, daß eine Art angepflanzt oder eingeschleppt ist, muß das vermerkt werden, eventuell mit genaueren Hinweisen, z. B. »mit Grassamen an der Straßenböschung angesät«. Ist nichts zum Status ausgesagt, wird unterstellt, daß es sich um ein Wildvorkommen einer einheimischen Art handelte.

Der Genauigkeit sind keine Grenzen gesetzt und die Qualität sollte nicht auf Kosten der Quantität leiden. Ein relativ kleines Herbar mit

detailliert beschrifteten Belegen ist weit mehr wert als eine umfangreiche Sammlung mit nur ungenauen Angaben.
Das Schreiben der Etiketten ist zwar vom Pressen unabhängig und kann auf später verschoben werden, doch sollte man sich angewöhnen, dies bald zu erledigen, solange die Erinnerung frisch ist.

Herbarbeleg

Um die getrockneten Pflanzen vor Beschädigungen zu bewahren, um sie leicht sortieren und untersuchen zu können, müssen sie in geeigneter Weise aufbewahrt werden. Es ist nicht ratsam, sie in den dünnen Einlegebögen zu belassen. Die beste Lösung ist, die Pflanzen auf dünnem Karton zu befestigen; das Etikett und eventuell kleine Tüten, in denen losgelöste Pflanzenteile stecken, werden zugefügt. Man erhält so den **Herbarbogen.** Das Verfahren hat sich bewährt und wird von fast allen wissenschaftlichen Institutionen und vielen Privatsammlern benutzt.
Der Herbarbeleg, auch als Aufsammlung oder Kollektion bezeichnet, umfaßt ein oder mehrere Exemplare einer Art, die am selben Ort und zur selben Zeit gesammelt wurden. Gewöhnlich wird der Beleg also einem Bogen entsprechen, er kann aber aus mehreren Bögen bestehen, sofern das gesammelte Material nicht auf einen Bogen paßt. Gleiches gilt, wenn mehrere Sammler gemeinsam unterwegs sind: Pflanzen derselben Art von einem Fundort bleiben Teile eines Beleges, selbst wenn sie später in verschiedenen Sammlungen liegen. Man spricht dann von Dubletten.
Jeder Herbarbogen ist ein Dokument, das nicht nachträglich verändert werden darf. Weder dürfen später oder anderswo gesammelte Exemplare hinzugefügt, noch darf das Etikett »verbessert« werden.

Format und Beschaffenheit

Das Format der Herbarbögen bewegt sich meist im Bereich von 25 × 37,5 bis 30 × 46 cm. Wofür man sich entscheidet, wird in erster Linie von praktischen Erwägungen abhängen: welches Papier ist günstig zu haben, welche Schränke oder Regale stehen zur Verfügung. Kleinere Bögen sind besser zu lagern, haben aber Nachteile. Große Pflanzen passen schlecht auf sie und müssen zu oft geknickt oder auseinandergeschnitten werden, was dazu verleiten kann, manche Art überhaupt nicht zu sammeln oder immer nur die kleinen Exemplare auszulesen.
Der Herbarbogen muß der Pflanze ausreichend Halt geben, er darf beim Anheben nicht umknicken,

kann aber biegsam sein. Geeignet ist Papier von etwa 200 g/m^2 Gewicht.

Das Aufbringen der Pflanze auf dem Bogen

Die Pflanzen werden mit schmalen Papierstreifen auf dem Bogen befestigt. Am billigsten ist gummiertes Papier, das es in Rollen zu kaufen gibt. Es wird zurechtgeschnitten und vor dem Kleben angefeuchtet. Selbstklebendes Material ist teurer und löst sich später oft ab. Bei der Arbeit ist auf folgende Handgriffe zu achten:

- die Belegexemplare an genügend Punkten fixieren
- keine zarten Teile (z. B. Blütenblätter) oder für die Bestimmung notwendige Organe überkleben
- mehrere Pflanzen, die einen Beleg bilden, gleichmäßig über den Bogen verteilen
- die Pflanzen verschiedener Belege nicht an die gleiche Stelle der Bögen kleben (damit es beim Lagern keine schiefen Stöße gibt)

Die gepreßten Pflanzen werden mit schmalen Papierstreifen auf dem Herbarkarton befestigt, um sie vor Schäden zu schützen.

Herbarbögen kosten Geld (bei günstiger Quelle je nach Format 6–8 Pfennig das Stück), und das Aufkleben braucht Zeit. Wer das eine oder andere vermeiden will, kann seine Belege anders aufbewaren. Anstelle des Kartons können Doppelbögen aus dünnerem Papier verwendet werden oder, was noch billiger ist, gefaltete Zeitungen, diese aber nur in sehr trockenen Räumen. Zeitungen saugen die Luftfeuchtigkeit auf und als Folge färben sich die eingelagerten Pflanzen nachträglich schnell braun. Auf das Befestigen der Pflanzen und Etiketten kann in einem Privatherbar verzichtet werden, falls Doppelbögen verwendet werden. Die Belege sind dann mit besonderer Vorsicht zu behandeln, um das Herausfallen von Teilen zu vermeiden.

Ordnung

Die Grundregel lautet:

> ein überschaubares System benutzen.

Das Herbarium

Wie die Belege einer Sammlung sortiert werden, hängt allein von den Vorstellungen und Bedürfnissen des Besitzers ab. Wichtig ist nur eines: jeder Beleg muß mit geringem Aufwand wiederzufinden sein.

Dient die Sammlung hauptsächlich dem Vergleich beim Bestimmen, ist eine alphabetische Ordnung nach den wissenschaftlichen Namen (Familien – Gattungen – Arten) sinnvoll. Unpraktisch wird das System nur in großen Gattungen, wenn man nah verwandte Arten von mehreren Stellen zusammensuchen muß; man kann diese gleich gemeinsam einordnen, z. B. bei den Seggen die Arten der verschiedenen Untergattungen. Die Benennung richtet man am besten nach einer bestimmten Flora aus, da die Namen einiger Arten wegen unterschiedlicher Meinungen schwanken.

Andere Möglichkeiten sind:

- die Ordnung nach einer Flora, in der die Arten numeriert sind Nachteilig ist dabei, daß man stets erst das Buch zur Hand nehmen und Arten, die nicht enthalten sind, willkürlich einfügen muß.
- die geographische oder pflanzensoziologische Ordnung Steht die Beschäftigung mit den Pflanzen eines Gebietes oder einer Vegetationseinheit im Vordergrund, ist es vorteilhaft, alle benötigten Belege beisammen zu haben.

Selbstverständlich lassen sich verschiedene Systeme bei Bedarf kombinieren.

Vorheriges Überlegen erspart nachträglich notwendiges Umsortieren.

Aufbewahren

Die Herbarbögen werden meist in verschnürten Mappen aufbewahrt. Als Deckel nimmt man kräftigen Karton, der sollte die Bögen nach allen Seiten etwas überragen und so stabil sein, daß er sich nicht durchbiegt. Durch Schlitze nahe am Rand werden die Bänder für das Zubinden geführt. Die ideale Dicke der Stöße, die als »Faszikel« bezeichnet werden, reicht bis etwa 20 cm. In ihnen sind die Belege ausreichend geschützt, sie können gut gelagert und bewegt werden, ja selbst ohne Schaden mit der Post verschickt werden.

Die Grundregeln für die Lagerung lauten:

- trocken lagern
- vor Schädlingen schützen

Die normale Luftfeuchtigkeit in einem Zimmer schadet den Herbarbelegen nicht, sondern kann im Gegenteil verhindern, daß die Pflanzen spröde werden. Wer die Möglichkeit dazu hat, kann die Faszikel in Schränken unterbringen, auch kleinere Behälter eignen sich, z. B. Kartons oder Schachteln. So wird das Einstauben verhindert, und es wird Schädlingen schwer gemacht, an die wertvolle Sammlung zu kommen. Offene Regale erfüllen aber den gleichen Zweck; man kann sie z. B. mit Folie abdecken. Welche Lagerung schließlich gewählt wird, hängt von den persönlichen Umständen ab.

Zimmer mit großen Klimaschwankungen eignen sich weniger gut, ebensowenig solche, die besonders häufig mit der Außenwelt in Verbindung stehen. Ferner sind die Faszikel vor direktem Sonnenlicht zu bewahren. Feuchte Kellerräume sind kein Aufbewahrungsort für das Herbar; dort kommt es zur Schimmelbildung. Vorsicht ist selbst schon bei Neubauten angeraten, wenn deren Wände nicht ganz ausgetrocknet sind; dicht an der Wand liegende Faszikel sind dann gefährdet.

Schädlinge

Eine Geißel für das Herbar sind tierische Schädlinge. Was nützen alle Sorgfalt und Mühen, wenn später Insekten die Pflanzen zerstören? Heute haben wir glücklicherweise eine einfache und ungefährliche Methode zur Hand, Schaden abzuwenden: das Einfrieren der Faszikel in der Tiefkühltruhe. Bei einer Temperatur von −20 bis −25 °C, die 2–3 Tage einwirken soll, werden alle Schädlinge, auch ihre Eier abgetötet. Zur Behandlung werden die Faszikel in Plastiktüten eingeschlossen.

Die Anwendung von Giften, die früher üblich war, bringt oft keinen vollen Erfolg und ist im Haushalt viel zu gefährlich. Einigermaßen sicheren Schutz gegen Neubefall bieten die käuflichen Insektensprays; man sprüht mit ihnen die Behälter für die Faszikel aus. Wer beide Methoden kombiniert, in regelmäßigen Abständen, etwa alle 1–2 Jahre, eine Gefrierbehandlung durchführt und gelegentlich sprüht, wird keinen Ärger bekommen. Auch dürfen neu hinzukommende Bögen nicht unbehandelt einsortiert werden.

Den größten Schaden richten gewöhnlich die Staub- oder Bücherläuse an, winzige, kaum 1 mm lange flügellose Insekten. Sie ernähren sich bevorzugt von den zarteren Organen, z. B. von Blüten und jungen Blättern. Die befallenen Pflanzenteile lösen sich beim Berühren in Staub auf. Stetige Kontrolle, die in einer kleineren Sammlung gut möglich ist, ist die beste Vorsichtsmaßregel.

Vegetationsaufnahmen

Wer sich mit der Flora beschäftigt, wer sich eine breite Formenkenntnis aneignet und der Verbreitung einzelner Arten nachgeht, der wird, sozusagen nebenher, auch Eigenschaften und Gesetzmäßigkeiten der Vegetation wahrnehmen, die ihm manche Denkanregung geben. Eine häufige Erfahrung ist, daß bestimmte Arten stets in der gleichen Umgebung, d. h. am gleichen Standort wachsen und mit denselben Arten zusammen vorkommen. Daß dies kein Zufall ist, liegt auf der Hand. Aber welches sind die Gründe, wird man sich fragen, warum trifft diese Regel nicht auf alle Arten zu, wodurch werden Ausnahmen bewirkt? Mit diesen Problemen befaßt sich die Vegetationskunde. Will man etwas über das Zusammenleben der Arten erfahren, dann ist die einfachste Möglichkeit, Listen anzufertigen, in die alle Arten eines Wuchsortes eingetragen werden, z. B. anläßlich eines interessanten Fundes die Begleiter einer seltenen Art. Solche Listen werden den, der genaueren Einblick in die Vegetationsstruktur haben möchte, nicht zufriedenstellen. Die Artenkombination an einem Wuchsort ist zwar erfaßt, jedoch nicht das Mengenverhältnis der Arten zueinander; denn offensichtlich ist auch die Quantität wichtig für die Beurteilung, da eine Art nicht an allen Standorten gleich häufig wächst.

Josias Braun-Blanquet (1884–1980) hat zu Beginn dieses Jahrhunderts ein Verfahren zur Beschreibung der Vegetation entwikkelt, in dem beide Gesichtspunkte berücksichtigt sind. Das Verfahren wird heute weithin benutzt, weil es leicht zu lernen und leicht anzuwenden ist.

Methodik

Sieht man sich den Pflanzenwuchs auf einer Fläche an, stößt man bald auf ein Problem: Um die Vegetation zu beschreiben, reicht es nicht aus, die Anzahl der Individuen jeder Art auszuzählen. Das Ergebnis würde aus zwei Gründen ein schiefes Bild vermitteln. Erstens ist die von einem Individuum eingenommene Fläche bei verschiedenen Arten sehr unterschiedlich, und zweitens ist oft nicht zu entscheiden, was ein Individuum ist; man denke etwa an Pflanzen mit Rhizomen oder Ausläufern, die viele Blütenstengel treiben.

Artmächtigkeit

Um eine praktikable Methode zur Hand zu haben, vereinigte man beide Kriterien, die Individuenzahl **(Abundanz)** und die Flächenbedekkung (Deckungsgrad, **Dominanz**), in einer gemeinsamen Bewertungsskala. Abundanz und Dominanz zu-

Artmächtigkeit: Schätzskala

r		Deckung	1 Individuum vorhanden
+		unter	2–5 Individuen (oder Sprosse) vorhanden
1		5%	6–50 Individuen (oder Sprosse) vorhanden
2	2 m		mehr als 50 Individuen (oder Sprosse) vorhanden
2	2 a	Indi-	5– 15% der Fläche deckend
2	2 b	viduen-	16– 25% der Fläche deckend
3		zahl	26– 50% der Fläche deckend
4		beliebig	51– 75% der Fläche deckend
5			76–100% der Fläche deckend

Die Schätzklasse 2 wird häufig nicht unterteilt. Das Zeichen + wird ›Kreuz‹ gesprochen. Schätzung bei r bis 2 m nach der Abundanz (Individuenzahl), bei 2 a bis 5 nach der Dominanz (Flächenbedeckung).

sammen werden als Artmächtigkeit bezeichnet. In der Praxis werden die Individuen gezählt, jedoch nur, wenn sie weniger als 5% der Untersuchungsfläche bedecken (Abundanzbestimmung). Man zählt die sichtbaren Sprosse, ohne im einzelnen zu prüfen, zu wie vielen Pflanzen sie gehören. Beim Schilf *(Phragmites australis)*, beim Acker-Schachtelhalm *(Equisetum arvense)*, beim Busch-Windröschen *(Anemone nemorosa)* und vielen anderen mit unterirdisch weit verzweigten Sproßsystemen wäre dies auch nicht möglich.

Überschreitet der Anteil einer Art 5%, das können sehr viele schlankwüchsige oder wenige flächig wachsende Exemplare sein, dann wird der Deckungsgrad ermittelt (Dominanzbestimmung). Man projiziert die oberirdischen Teile der Pflanzen auf den Boden (Grundriß) und schätzt ihren Anteil an der Untersuchungsfläche. Der Deckungsgrad ist rechnerisch oft nicht gleich der Fläche aller Blätter, sondern kleiner, da sich die Blätter einer Pflanze mehr oder weniger überlagern können.

Braun-Blanquet hatte ursprünglich 5 Schätzklassen eingeführt (die mit Ziffern bezeichneten). Später fügte man 2 weitere hinzu (r, +).

Vorzüge und Mängel der Schätzmethode Neben Einwänden, die mehr die praktische Seite betreffen, gibt es auch solche prinzipieller Art gegen das Schätzverfahren von

Braun-Blanquet, die schwerer wiegen. Besondere Kritik ist gegen die Vermengung von Abundanz und Dominanz laut geworden, da es sich um voneinander unabhängige Meßsysteme handelt. Mehrere Forscher haben daher andere Schätzskalen vorgeschlagen, die nach einheitlichen Prinzipien aufgebaut sind. Andererseits wollte man aber kein völlig neues Schätzverfahren einführen, weil sonst alle früher gewonnenen Vegetationsaufnahmen, und das sind sehr viele, nicht mehr hätten verglichen werden können. Man entschloß sich zu einem Kompromiß: die besonders kritisierte Schätzklasse 2 des Systems von Braun-Blanquet, in der Abundanz und Dominanz ineinander übergehen, wird aufgeteilt; Schätzung nach Abundanz ergibt 2 m (m = multum, viele Exemplare), Schätzung nach Dominanz ergibt 2 a oder 2 b (Aufteilung des Bereichs 5–25% in zwei Teilbereiche). (Zuweilen werden auch die Klassen 3, 4 und 5 jeweils in a und b unterteilt).

Trotz all dem wird die Skala Braun-Blanquets auch heute vielfach unverändert benutzt, vor allem bei solchen Fragestellungen, die ein gewisses Maß an Generalisierung bei der Methode zulassen. Wenn jedoch eine größere Genauigkeit erforderlich ist, dann bedient man sich anderer, verfeinerter Skalen.

Die Schätzung nach der Methode Braun-Blanquets hat mehrere Vorzüge:

- Sie ist schnell durchzuführen.
- Die Fehlermöglichkeiten sind durch die relativ wenigen Klassen gering gehalten und die Ergebnisse daher reproduzierbar.
- Sie ist nicht nur für die Gemeinschaften der Gefäßpflanzen brauchbar, sondern auch für die der Moose und Flechten.

Wer sich die Schätzklassen ansieht, mag einwenden, daß sie sehr weit gefaßt sind und sich daher für die genauere Beschreibung der Vegetation nicht eignen. Müßte nicht statt dessen gezählt und vermessen werden? Die Antwort ist nein, wenn es nur um die Aufklärung der floristischen Struktur von Pflanzengemeinschaften geht. Es ist die biologische Variabilität zu bedenken: Die Artenzusammensetzung ist nicht konstant, weder auf derselben Fläche über mehrere Jahre, noch auf verschiedenen Flächen an ähnlichen Standorten. Daher ist es methodisch sinnvoll, die Variation in Klassen darzustellen und dadurch erst überschaubar und vergleichbar zu machen. In diesen Fällen würden gemessene oder berechnete Werte eine Genauigkeit vortäuschen, die bei richtiger Einschätzung von Objekt und Verfahren nicht zu erreichen ist.

Geselligkeit (Soziabilität):
Bewertungsskala

1 einzeln wachsend
2 gruppen- oder horstweise wachsend
3 truppweise wachsend (in kleinen Flecken oder Polstern)
4 in kleinen Kolonien oder größeren Flecken und Teppichen wachsend
5 in großen Herden wachsend

Geselligkeit

Vielfach wird zusätzlich zur Artmächtigkeit die Geselligkeit (Soziabilität) angegeben. Die einzelnen Arten können trotz gleichen Dekkungsgrades verschieden über die Aufnahmefläche verteilt sein, sie können z. B. einzeln, in kleinen Gruppen oder in großen Herden wachsen. Die Bewertung geschieht nach einer Skala von 5 Ziffern, die ebenfalls von Braun-Blanquet stammt. Man bewertet, ebenso wie bei der Abundanzbestimmung, die sichtbaren Sprosse, gleichgültig ob sie zu einer oder zu mehreren Pflanzen gehören.
Der Zahlenwert für die Geselligkeit wird durch einen Punkt getrennt hinter den für die Artmächtigkeit geschrieben.
Die Geselligkeit ist arteigen und vielfach nicht veränderlich. Sie hängt von der Wuchsform ab. Wald-Meister *(Galium odoratum)* und Schlehe *(Prunus spinosa)* z. B. wachsen in Herden, viele Gräser *(Poaceae)* und Seggen *(Carex)* bilden Horste, andere wie z. B. Königskerze *(Verbascum)* und Fingerhut *(Digitalis)* stehen einzeln. Wer eine Art kennt, vermag daher meist die Geselligkeit anzugeben – und dies ist der Grund, weshalb die Ziffer oft weggelassen wird. Doch soll man sie lieber notieren, da einige Arten sich variabel verhalten.

Das Scharbockskraut *(Ranunculus ficaria)* auf der Fläche im Bild wird mit 3.4 bewertet: Es bedeckt 26–50% und wächst in großen Flecken.

Durchführung

Wer sich die Schätzwerte für Artmächtigkeit und Geselligkeit eingeprägt hat, macht sich am besten an die Arbeit.

Vegetationsaufnahmen

Gerade bei Vegetationsaufnahmen (pflanzensoziologischen Aufnahmen) gilt das Motto: Übung macht den Meister!

Anfangs sollte man sich Zeit nehmen und mit kleinen artenarmen Flächen beginnen. Später, nach gewonnener Erfahrung stellen sich Sicherheit und Schnelligkeit von selbst ein. Eine halbe Stunde oder mehr benötigt auch der Geübte für eine Aufnahme, die Dauer hängt stark vom Vegetationstyp ab.

Rücksicht nehmen

Für den, der Vegetationsaufnahmen machen will, gilt das gleiche wie für den Pflanzenfotografen (siehe S. 64f.): Die Beschädigung der Pflanzendecke ist so gering wie möglich zu halten. Da die Aufnahmefläche genau untersucht werden muß, wird es sich kaum vermeiden lassen, daß Pflanzen niedergetreten werden. Man sollte jedoch auf größtmögliche Rücksicht bedacht sein. Das gilt besonders für landwirtschaftliche Flächen, Wiesen und Felder, die man nur zu bestimmten Zeiten betreten darf. In Schutzgebieten sollten Vegetationsaufnahmen nur zu wissenschaftlichen Zwecken angefertigt werden, und dann nur mit Genehmigung der zuständigen Behörde.

Vorbereitung

Bevor man mit der Aufnahme beginnt, sind drei Überlegungen notwendig:

Wie ist die Aufnahmefläche zu legen? Wie groß soll die Fläche sein? Welche Jahreszeit ist die richtige?

Lage der Aufnahmefläche

Die Aufnahme soll in einem Pflanzenbestand mit homogener Struktur gemacht werden, d. h. mit ihr soll nur eine einzelne Pflanzengemeinschaft erfaßt werden.

Man wird sich daher an einem Fundort zuerst einen Überblick verschaffen, wie die Arten und Artengruppen verteilt sind, und danach festlegen, welche Flächen sich eignen.

Wo verschiedene Pflanzengemeinschaften aneinandergrenzen, z. B. Halbtrockenrasen an Fettwiese, Röhricht an Naßwiese oder Auwald an Eichen-Hainbuchen-Wald, gibt es in der Regel keine scharfen Trennlinien, sondern Übergangszonen unterschiedlicher Breite. Vegetationsaufnahmen aus diesen Grenzbereichen werden besser vermieden. Als Dokumente des Artenbestandes sind sie zweifellos wertvoll, für den späteren Vergleich mit anderen Aufnahmen sind sie

aber kaum zu verwenden. Statt einer Aufnahme, in der das ganze Artenspektrum eines Standorts enthalten ist, werden besser einige Aufnahmen von homogenen Teilflächen gemacht.
Als Form der Flächen werden meist Rechtecke gewählt, doch ist das nicht zwingend. In einem stärker gegliederten Gelände ist es z. B. sinnvoll, sogar notwendig, die Grenzen entlang der Höhenlinien zu legen.

Größe der Fläche

Die Vegetationsaufnahme soll all die Arten enthalten, welche für die Pflanzengemeinschaft charakteristisch sind.

Wieviele Quadratmeter das sind, ist sehr verschieden, doch gibt es Erfahrungswerte: in Wäldern 250–500 m^2, auf Wiesen 10–25 m^2, auf Weiden etwas weniger, auf Halbtrockenrasen 50–100 m^2, bei Wildkrautfluren auf Äckern 25–100 m^2 (Bei Moosgesellschaften reichen wenige Quadratmeter, bei Flechtengesellschaften schon Quadratzentimeter.)
Die **Mindestgröße** (das Minimal-Areal) kann man selbst bestimmen, sofern eine genügend große Fläche mit einer homogen entwickelten Pflanzengemeinschaft vorhanden ist. Man beginnt mit einer kleinen

Bestimmung des Minimal-Areals

Die Abhängigkeit der Artenzahl von der Größe der Untersuchungsfläche ist für 3 Pflanzengemeinschaften des Schambachrieds bei Treuchtlingen (Mittelfranken) dargestellt. Der Artenzuwachs wird bei schrittweiser Vergrößerung der Fläche immer geringer. Das Minimal-Areal für die Vegetationsaufnahme ist dann erreicht, wenn keine Arten mehr hinzukommen (↓), d. h. wenn die Kurve zur Abszisse parallel verläuft. (Nach J. E. Krach, verändert).

Gewöhnlich haben artenreiche Gemeinschaften ein größeres Minimal-Areal als artenarme.
Die Bestimmung kann auch dazu benutzt werden, die Homogenität eines Pflanzenbestandes zu prüfen. Flacht sich die Kurve bei immer größeren Flächen nicht stetig ab, ist das ein Indiz, daß die Untersuchung zwei oder mehr Gemeinschaften umfaßt.

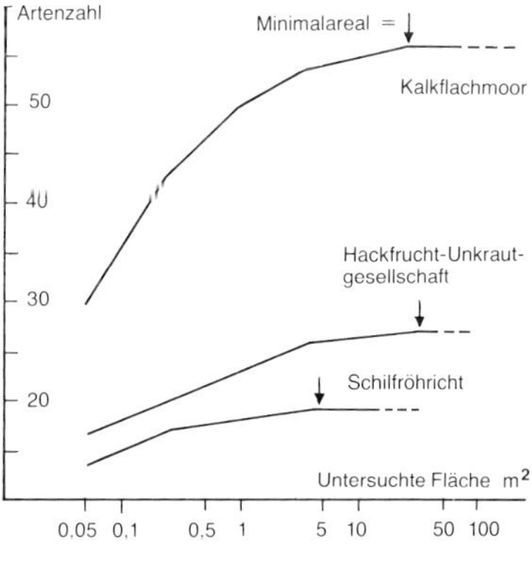

Probefläche von z. B. ⅛ oder ¼ m^2 und zählt die Arten; nun verdoppelt man die Fläche in aufeinanderfolgenden Schritten und ermittelt die jeweils neu hinzukommenden Arten. Die Mindestgröße ist erreicht, wenn kein Artenzuwachs mehr beobachtet wird.

Richtige Jahreszeit

Die Vegetation soll so entwickelt sein, daß möglichst alle Arten der Pflanzengemeinschaft erfaßt werden.

Zwei Faktoren sind bei der Wahl der Aufnahmezeit zu beachten, der augenfällige Zustand der Gemeinschaft und der Kenntnisstand des Untersuchenden.
Pflanzengemeinschaften zeigen einen periodischen Wechsel in ihrer Struktur und im Aussehen, was von der jahreszeitlichen Klimaentwicklung abhängt. Das Aussehen zu einem bestimmten Zeitpunkt wird als **phänologischer Aspekt** bezeichnet. Auch der Mensch kann verschiedene Aspekte bewirken, durch die Mahd auf Wiesen, durch die Ernte auf Äckern, durch das Ablassen von Fischteichen usw. Die Mehrheit der phänologischen Erscheinungen ist aber im Wuchsrhythmus der Arten selbst begründet. Manche Arten sind das ganze Jahr über zu erkennen, etwa Holzgewächse, Wiesengräser und Rosettenstauden, andere haben nur kurze Vegetationsperioden, wie Frühlings-Geophyten und Einjährige. Bei der Wahl der Aufnahmezeit kommt es darauf an, den Zeitpunkt zu finden, zu dem die meisten Arten einer Gemeinschaft zu beobachten sind. Günstig sind z. B.: später Frühling für Laubwälder, Frühsommer für Wiesen (vor dem ersten Schnitt), Hochsommer für Halbtrockenrasen und Getreidefelder (vor der Ernte), Herbst für Schlammflächen am Ufer von Gewässern.

Zeichen für den Entwicklungszustand der Pflanzen einer Art

k	Keimling
j	Jungpflanze
st	steril bleibend, vegetativ
kn	knospend
b	blühend
f	fruchtend
a	austreibend
v	vergilbend, absterbend
e	entlaubt
t	tot, oberirdische Teile abgestorben
s	nur Samen bzw. Früchte vorhanden

Die Zeichen werden in der Vegetationsaufnahme hinter den Artnamen geschrieben. Die Zeichen sind nicht allgemein einheitlich geregelt, zuweilen werden andere Abkürzungen verwendet.

Dasselbe Waldstück im Vollfrühling und im Hochsommer: Der Bären-Lauch *(Allium ursinum)* ist bald nach der Blüte wieder restlos verschwunden (Vilbeler Wald, Wetterau).

Was ist sonst noch zu beachten?
Wichtig für Vegetationsaufnahmen ist die Fähigkeit, Arten auch im nichtblühenden Stadium zu erkennen. Hierzu ist viel Erfahrung und mehrjährige Übung nötig, bis man Keimpflanzen, Jungpflanzen, sterile Exemplare oder bereits vertrocknete Pflanzenreste eindeutig bestimmen kann. Je mehr Kenntnisse man diesbezüglich erworben hat, um so weniger wird man an die für eine Pflanzengemeinschaft optimale Jahreszeit gebunden sein. Einem Spezialisten für Weideflächen z. B., das sind unter den Vegetationskundlern beileibe nicht viele, wird es selbst im Winter gelingen, den Artenbestand (fast) vollständig zu ermitteln, nur gestützt auf die sterilen Triebe der Gräser und Kräuter. Solche Perfektion ist normalerweise nicht nötig. Zudem ist die ganzjährige Beobachtung bei vielen Pflanzengemeinschaften nicht möglich, weil zahlreiche Arten nicht jederzeit zu sehen sind.
Ist man bestrebt, die Arten einer Fläche vollständig zu erfassen, müssen mehrere Vegetationsaufnahmen zu verschiedenen Jahreszeiten gemacht werden, z. B. im Frühling, Hochsommer und Spätsommer, möglicherweise weitere dazwischen. Bei diesem Vorgehen werden auch Bestimmungsprobleme gelöst: Arten, die zuerst nur steril vorhanden sind, können später in Blüte sicher angesprochen werden.
Verschiedene Aufnahmen auf derselben Fläche in einem mäßig feuchten Buchen-Wald zeigen das wechselnde Artenspektrum mit zu- und abnehmenden Deckungsgraden besonders eindrucksvoll. Im Vollfrühling erreichen z. B. Scharbockskraut *(Ranunculus ficaria)* und Lerchensporn *(Corydalis-Arten)* ihr Optimum, der Bären-

Lauch *(Allium ursinum)* ist noch im Kommen; letzterer ist 6 Wochen später in Vollblüte, die beiden ersten Arten sind dann bereits wieder verschwunden; im Hochsommer ist die Fläche nur noch mit wenigen Gräsern lückig bestanden, die Frühjahrsblüher haben eingezogen. Eine vergleichbare, oft weniger auffällige Periodik kennzeichnet viele Gemeinschaften. Besonders der Frühling ist reich an Spezialisten, welche die Lücken im Vegetationskleid ausnützen, solange diese noch nicht von langsam wachsenden Arten geschlossen wurden. Verbreitete, doch oft übersehene Frühblüher in Magerwiesen sind z. B. Gelbstern *(Gagea)*, Hungerblümchen *(Erophila)* und Rotfrüchtiger Löwenzahn *(Taraxacum* sect. *Erythrosperma)*.
Vegetationsaufnahmen von derselben Fläche können miteinander kombiniert werden, doch müssen die Schätzwerte der verschiedenen Zeitpunkte getrennt bleiben. Eine undifferenzierte Gemeinschaftstabelle würde ein falsches Bild ergeben; denn auf vielen Teilflächen, die zu einer Zeit mit der einen Art bedeckt sind, findet sich zu einer anderen Zeit eine zweite Art.

Allgemeine und spezielle Interessen Wer Vegetationsaufnahmen anfertigt, um den Artenbestand an gewissen Fundorten festzuhalten, wird die vorbezeichneten Überlegungen oft nicht berücksichtigen können. Wenn die interessanten Arten gerade im Übergangsbereich zweier Pflanzengemeinschaften wachsen, muß die Aufnahmefläche dort liegen. Wenn der Wuchsort sehr klein ist, darf weder die Aufnahme eine größere Fläche abdekken, noch kann das Minimal-Areal bestimmt werden. Wird man nicht nochmals dorthin kommen, bleibt keine andere Wahl, als die Vegetation während eines eventuell ungünstigen Aspektes aufzunehmen. Das alles ist nicht unbedingt ein Nachteil, da solche Aufnahmen weniger der pflanzensoziologischen Forschung dienen, sondern als Dokumente gedacht sind, mit denen auffällige Vegetationsstrukturen beschrieben werden. Der Wert dieser Dokumente ist unabhängig davon, ob die vorgefundene Artenkombination später einer Pflanzengesellschaft zugeordnet und genau benannt werden kann.
Der Wissenschaftler dagegen plant seine Vegetationsstudien aus einer anderen Interessenlage. Sein Ziel ist es, bestimmte Gemeinschaften zu erforschen, sie so genau wie möglich zu charakterisieren und gegen ähnliche abzugrenzen. Um Erfolg zu haben, wird er deshalb Lage und Größe der Fläche gut planen und die günstigste Jahreszeit für die Vegetationsaufnahmen wählen müssen.

Anfertigen der Artenliste

Nachdem man die Aufnahmefläche bestimmt und die Eckpunkte markiert hat, kann mit der Aufnahme selbst begonnen werden.

Der Arbeitsgang zerfällt in zwei Abschnitte: zuerst werden die Arten notiert, dann werden Artmächtigkeit und Soziabilität bewertet.

Beides zu kombinieren ist ungünstig, weil man zu schnell die Übersicht verliert, besonders wenn eine artenreiche Fläche zu bearbeiten ist.

Man notiert die Arten in der Reihenfolge, wie man sie wahrnimmt. Es empfiehlt sich, beim Absuchen der Fläche ein bestimmtes System einzuhalten, damit keine Arten übersehen werden. Die Aufnahme soll vollständig werden. Dafür reicht es meist nicht aus, im Stehen zu arbeiten; zu leicht werden sonst kleine Exemplare, die von kräftigen Pflanzen verdeckt sind, übersehen. Beim Knien oder Hocken sieht man mehr, und wenn hochwüchsige Pflanzen, z. B. die Gräser einer Wiese, zur Seite gebogen werden, entdeckt man zwischen ihnen oft noch einige Arten, die man sonst übersehen hätte.

Ist die Vegetation geschichtet, werden die Arten jeder Schicht gesondert erfaßt (siehe unten).

Grundsätzlich wird jede Art berücksichtigt, gleichgültig in welchem Entwicklungsstadium sie gerade ist. Besonderheiten gibt man durch ein Zeichen nach dem Artnamen an (siehe Tabelle S. 94), im Regelfall dann, wenn die Pflanzen nicht voll entwickelt sind bzw. nicht blühen oder fruchten. Beispielsweise werden Keimlinge von Bäumen notiert, weil sie einen Hinweis auf Naturverjüngung geben, oder Jungpflanzen von Sträuchern auf einer Wiese, die auf fehlende Nutzung hindeuten. Solche Zusatzzeichen geben oft gute Anhaltspunkte für den Zustand eines Biotops.

Schlägt bei unbekannten Arten ein Bestimmungsversuch an Ort und Stelle fehl, nimmt man sie trotzdem in die Liste auf und sammelt einen Herbarbeleg, um ihn später untersuchen oder einem versierten Bekannten vorzeigen zu können. Auch ein Foto kann genügen. Bei mehreren Unbekannten auf der Fläche muß man sie kennzeichnen (z. B. Art 1, Art 2, usw.), der Gefahr der späteren Verwechslung wegen. Ist die Gattung bekannt, wird oft »spec.« nach dem Gattungsnamen geschrieben, die Abkürzung für species (= Art), z. B. *Thymus spec.*, eine Thymian-Art.

Die Arten werden untereinander aufgeschrieben, wobei man vor den Namen genügend Platz läßt, um die Schätzwerte eintragen zu können.

Vegetationsaufnahmen

Schichtung Viele Pflanzengemeinschaften sind geschichtet, die Arten haben unterschiedliche Wuchshöhe. Auffällig ist diese Erscheinung in den Wäldern, wo schon bei grobem Hinsehen Baum-, Strauch- und Krautschicht zu unterscheiden sind; oft sind 2 Baum- und Strauchschichten vorhanden (obere und untere), 2 oder 3 Krautschichten (obere, mittlere, untere) und darunter noch eine Moosschicht. Hecken sind ähnlich geschichtet. Weniger auffällig ist die Schichtung bei einigen anderen Gemeinschaften, etwa bei den Fettwiesen: sie sind aus 3 Krautschichten aufgebaut, eine untere mit niedrigen Kräutern, eine mittlere mit den Untergräsern und mittelhohen Kräutern und eine obere mit den Obergräsern und hohen Kräutern. Ähnliche Phänomene gibt es mehrfach. Die Schichten werden bei der Vegetationsaufnahme getrennt berücksichtigt.

Für jede Schicht wird eine eigene Artenliste angelegt (und auch die Artmächtigkeit jeweils getrennt geschätzt).

Schichtungs-Diagramme für 2 Waldtypen

Die Säulen geben die Vegetationsbedeckung nach Schichten getrennt an. Oben ist die Bedeckung in Prozent, unten sind die Schätzklassen für die Artmächtigkeit als Skala eingetragen.

Die Zahlen am rechten Seitenrand bezeichnen die einzelnen Schichten. 1 = obere Baumschicht, 2 = untere Baumschicht, 3 = obere Strauchschicht, 4 = untere Strauchschicht, 5 = Krautschicht, 6 = Moosschicht.

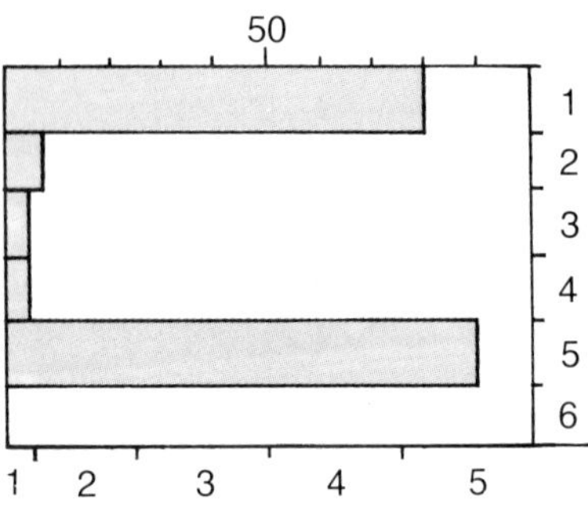

Traubenkirschen-Eschen-Auwald im Hintertaunus bei Wetzlar (Hessen) (siehe Vegetationsaufnahme S. 100)

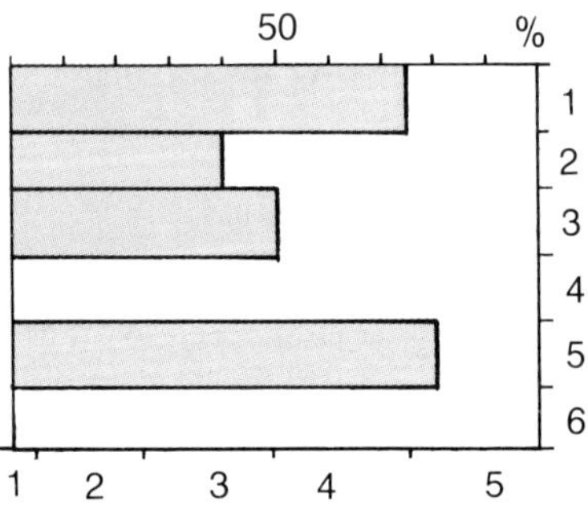

Eichen-Hainbuchen-Wald mit Buche im Oberwesterwald bei Frickhofen (Hessen)

In einem sich natürlich verjüngenden Buchenwald z. B. wird die Buche *(Fagus sylvatica)* dreifach notiert, die erwachsenen Bäume in der Baumschicht, der Jungwuchs in der Strauchschicht und die Keimpflanzen in der Krautschicht.

Bewerten der Arten

Wenn dann die Artenliste abgeschlossen ist und trotz Suche nicht weiter anwächst, wird die Bewertung der einzelnen Arten nach Artmächtigkeit und Soziabilität begonnen. Einen groben Überblick hat man zu diesem Zeitpunkt meist schon bekommen.
Man beginnt die Schätzung am besten bei den Arten mit hohem Dekkungsgrad. Erfahrungsgemäß ist es am Anfang nicht einfach zu beurteilen, wieviel Prozent der Gesamtfläche eine Art abdeckt, vor allem weil meist mehrere Teilflächen zusammen bewertet werden müssen.
Man kann sich hierbei durch ungefähres Ausmessen und eine Überschlagsrechnung behelfen. Nach einigen Aufnahmen stellt sich dann die Erfahrung ein, die eine sichere Zuordnung zu einer der Schätzklassen erlaubt. Gerade bei diesem Arbeitsgang ist es hilfreich, einen geübten Begleiter zur Seite zu haben (vgl. die Abb. S. 91).
Ob die Schätzwerte stimmen, läßt sich durch Addieren überprüfen. Die Summe darf nicht weniger und nicht mehr als die von Pflanzen bedeckte Fläche ergeben. Oft ist die Vegetationsdecke nicht geschlossen und der Erdboden sichtbar, die Schätzwerte der Arten beziehen sich indessen immer auf die Aufnahmefläche insgesamt. Ist in einem gedachten Fall die Pflanzendecke zu vier Fünfteln geschlossen, ist die Bezugsgröße 80%; zwei Arten können nicht beide den Schätzwert 4 haben (2 × 51–75%), oder drei Arten neben anderen nicht den Schätzwert 3 (3 × 26–50%) usw.
Die Summe der einzelnen Dekkungsgrade kann jedoch größer sein als der Deckungsgrad der Vegetationsdecke bzw. Schicht, wenn sich die Pflanzen gegenseitig überlagern. In artenreichen, dichtwüchsigen Gemeinschaften kann das ein Mehr von über 50% bedeuten, z. B. in der Krautschicht des Traubenkirschen-Eschen-Auwalds (siehe die Vegetationsaufnahme S. 100) 135% gegenüber 90%, oder bei einem Halbtrockenrasen fast 150% gegenüber 95%.
Falls die Arten in Schichten wachsen, wird die Artmächtigkeit für jede Schicht getrennt geschätzt. Meistens bedecken die einzelnen Schichten verschiedene Anteile der Aufnahmefläche (in der Projektion aller jeweils beteiligter Arten auf den Grundriß). In dichten Buchenwäldern z. B. ist die Baumschicht

Vegetationsaufnahmen

Aufnahme Nr. ST 36, 22.4.1976, W. Schnedler
MTBl. 5417/32, Naturraum Wetzlarer Hintertaunus
Südwestl. Münchholzhausen bei Wetzlar; am Bach, der von Süden her dem Welschbach zufließt, 210 m: Traubenkirschen-Eschen-Auwald
Auwald, Bodentyp: Anmoor-Gley, ebene Lage, forstlich bewirtschaftet
Aufnahmefläche 400 m², 40 Arten

Obere Baumschicht, c. 25 m, Bedeckung 80%
4.3 Fraxinus excelsior (Esche)
3.2 Alnus glutinosa (Schwarz-Erle)

Untere Baumschicht, c. 8 m, Bedeckung 5%
1.1 Alnus glutinosa (Schwarz-Erle)
1.1 Prunus padus (Trauben-Kirsche)
+.1 Fraxinus excelsior (Esche)

Obere Strauchschicht, c. 6 m, Bedeckung 3%
1.2 Prunus padus (Trauben-Kirsche)
+.1 Alnus glutinosa (Schwarz-Erle)
+.1 Fraxinus excelsior (Esche)

Untere Strauchschicht, c. 2 m, Bedeckung 3%
1.2 Prunus padus (Trauben-Kirsche)
+.1 Lonicera xylosteum (Heckenkirsche)
+.1 Daphne mezereum (Seidelbast)
+.1 Crataegus spec. (Weißdorn)

Krautschicht, Bedeckung 90%
3.4 Cardamine amara (Bitteres Schaumkraut)
2.3 Filipendula ulmaria (Mädesüß)
2.3 Caltha palustris (Sumpf-Dotterblume)
2.3 Ranunculus repens (Kriechender Hahnenfuß)
2.3 Carex sylvatica (Wald-Segge)
2.3 Carex remota (Winkel-Segge)
2.2 Lamiastrum galeobdolon (Goldnessel)
1.3 Valeriana dioica (Kleiner Baldrian)

Beispiel für eine Vegetationsaufnahme (1. Seite, weitere 26 Arten der Krautschicht mit geringer Artmächtigkeit fehlen hier): Der Kopf enthält die Angaben zum Standort, die Artenliste ist nach Schichten und abfallender Artmächtigkeit angeordnet. Der untersuchte Auwald gehört im pflanzensoziologischen System zum *Pruno-Fraxinetum,* verbreitet in den Tieflagen Mittel- und Westeuropas. Das Bild unten rechts zeigt die Trauben-Kirsche.

fast geschlossen, während Strauch- und Krautschicht nur einen geringen Deckungsgrad haben; in lichten Laubwäldern aus mehreren Baumarten ist der Kronenschluß viel geringer, dagegen nehmen Sträucher und Kräuter einen größeren Flächenanteil ein; oder in alten Fichtenforsten ist die Strauchschicht manchmal deckend und die Kräuter treten zurück.

Vitalität Es ist üblich, die Vitalität einer Art durch ein Zeichen hinter den Schätzwerten anzugeben, falls die Pflanzen nicht normal entwikkelt sind. Wie eine Art gedeiht, ist ein Hinweis darauf, welche Rolle sie im Konkurrenzsystem der Pflanzengemeinschaft einnimmt. Schwacher Wuchs und das Ausbleiben von Blüte und Frucht deuten auf ungünstige Lebensbedingungen hin. Beispielsweise vermögen manche Arten unter ungünstigen Umständen zu keimen, Löwenzahn *(Taraxacum)* im Wald etwa, aber es wachsen nur kümmerliche Exemplare heran, die sich nicht fortpflanzen. Ein ähnliches Verhalten ist zu beobachten, wenn sich die Bedingungen am Wuchsort ändern und für einige Arten ungünstig werden; manche Wiesen-Orchideen kommen nicht mehr zur Blüte, wenn das Gras zu hoch wird. Andererseits kann auf Überdüngung sehr üppiges Wachstum folgen, z. B. an Stellen, wo Kuhfladen liegen.

Bezeichnung der Vitalität

○○ sehr schwach, kümmernd
○ schwach
(keine Bezeichnung bei normaler Entwicklung)
● üppig
●● sehr üppig

Das Zeichen für die Vitalität wird hinter die Schätzwerte gesetzt, z. B. $+.1^{\circ\circ}$, $2.3^{\bullet}$ oder 1° bei Auslassung der Geselligkeit.

Begleitdaten

Außer den Pflanzen selbst werden eine Reihe von Daten notiert, die einerseits der Ortsbeschreibung dienen und es andererseits ermöglichen, die Vegetationsdecke im ökologischen Gefüge des Standorts zu sehen. Die Begleitdaten, die üblicherweise den Kopf der Vegetationsaufnahme bilden, sind:

- Fundort, so genau wie möglich (siehe S. 58 f.), mit Höhenlage und Rasterdaten der floristischen Kartierung
- Datum
- Vegetationstyp, entweder allgemein (Laubwald, Wiese) oder genauer (Eichen-Hainbuchen-Wald, Fettwiese)
- Größe der Aufnahmefläche, eventuell eine Skizze mit einem markanten Punkt in der Natur, die das Wiederauffinden ermöglicht
- Lage der Fläche im Gelände; bei Hanglagen die Neigung und die Exposition

Vegetationsaufnahmen

- Schichtung der Vegetation, sofern ausgebildet
- Vegetationsbedeckung in Prozent der Fläche, bei mehreren Schichten für jede getrennt
- Wuchshöhe der Vegetation bzw. der Schichten
- geologische Formation, Bodenart, Hydrologie, Klima und andere abiotische Faktoren, die man beurteilen kann
- Einfluß des Menschen auf die Vegetation, Bewirtschaftung, eventuell Gefährdungen
- der (oder die) Aufnehmende(n)

Verwendung

Wer Vegetationsaufnahmen anfertigt, kann dies je nach Interesse mit verschiedenen Absichten tun. Am Anfang wird bei vielen vielleicht eher die Neugier stehen, die Methode kennenzulernen und zu erfahren, was sie leisten kann. Manchmal mag etwas Unzufriedenheit ausschlaggebend sein, daß mit dem Aufschreiben des Fundorts einer Art dieser zwar festgehalten ist, aber alles andere, was am Standort zu beobachten ist, nicht dokumentiert wird. Das Verfahren der pflanzensoziologischen Aufnahme ist in solchen Fällen geeignet, bei relativ geringem Arbeits-, Zeit- und Materialaufwand reichlich Informationen zur Pflanzendecke zu liefern.

Wer sich mit dem Verfahren anfreundet und nach der Einarbeitungsphase auch über Vorzüge und Mängel Bescheid weiß, der wird sich dann meist bestimmten Fragestellungen zuwenden, die über die mehr zufällige Aufnahme an diesem oder jenem interessanten Fundort hinausgehen. Die Aufnahmen sind nicht nur dem vegetationskundlich orientierten Wissenschaftler von Nutzen, sondern bieten jedem Hobbybotaniker die Möglichkeit, sich neue Interessengebiete zu erschließen.

Jede Vegetationsaufnahme hat einen unmittelbaren Wert als Dokument, mit dem die floristische Struktur an einem bestimmten Fundort zu einer bestimmten Zeit belegt ist. In diesem Sinn können die Aufnahmen als kommentierte Artenlisten gelten und wie diese abgelegt werden (siehe S. 63).

Kartieren von Pflanzengemeinschaften

Ebenso wie die Art selbst nehmen auch die Pflanzengemeinschaften bestimmte Verbreitungsgebiete (Areale) ein. Was im Kapitel »Floristische Kartierung« zur Darstellung der Areale gesagt ist (siehe S. 116), gilt daher für die Gemeinschaften entsprechend. Für diese können in gleicher Weise Arealkarten gezeichnet werden, Gesamtverbreitungskarten wie regionale und lokale Teilkarten, und es können die verschiedenen Methoden der Arealdarstellung benutzt werden. Allerdings stößt die Kartierung bestimmter Pflanzengemeinschaften auf wesentlich mehr Schwierigkeiten als die einzelner Arten. Da ist vor allem das Problem des Bestimmens und Wiedererkennens. Weder gibt es narrensichere Schlüssel für die beschriebenen Pflanzengesellschaften, noch ist ihre Artenstruktur so konstant, daß sie im Gelände immer eindeutig zu identifizieren wären. Ihre Verbreitung aufzuklären, erfordert umfangreiche Untersuchungen und ist meist Sache der Fachleute, wenigstens was die Verbreitung über große Gebiete betrifft.

Etwas besser sieht es im lokalen Bereich aus, im Umkreis eines oder einiger benachbarter Naturräume. Hier ist die Artenkombination der Gemeinschaften oft weit weniger variabel und ohne großen methodischen Aufwand zu erkennen. Entsprechend leichter ist die Aufklärung der lokalen Verbreitungsmuster. Hat man mit einigen Vegetationsaufnahmen herausgefunden, welche Arten im Untersuchungsgebiet immer wieder in der Gemeinschaft auftreten (lokale Charakterarten), kann man diesen Befund für seine Arealstudien nutzen: Man kann vom Vorkommen der Artengruppe, die schnell zu überblicken ist, auf das Vorkommen der Gemeinschaft schließen und braucht nicht jedesmal eine halbstündige Aufnahme zu machen. Je mehr Arten bei dem Schnellverfahren berücksichtigt werden, um so sicherer wird es.

Verbreitungskarten von Pflanzengemeinschaften geben Auskunft über den Zustand der Landschaft. Die Intensität des menschlichen Einflusses läßt sich an ihnen direkt ablesen, wenn etwa naturbetonte Vegetation kartiert wird, z. B. Magerwiesen, Halbtrockenrasen oder Kleinseggen-Sümpfe, und deren tatsächliche Vorkommen mit den möglichen Standorten verglichen werden. In Mitteleuropa herrscht heute fast überall die kulturbetonte Vegetation vor, die sich dort einstellt, wo der Mensch intensiv wirtschaftet; die verschiedenen Rasen und Wiesen z. B. werden ersetzt durch die uniforme, artenarme Fettwiese oder -weide.

Kartieren der Vegetation

In der vegetationskundlichen Praxis steht die Kartierung von Landschaftsteilen im Vordergrund. Dabei werden nicht die Areale einzelner Gemeinschaften erforscht, sondern alle Gemeinschaften eines bestimmten Gebiets werden durch Vegetationsaufnahmen ermittelt und ihre räumliche Verteilung in **Vegetationskarten** dargestellt.

Vegetationsaufnahmen

Vegetationskarten anzufertigen ist die gründlichste Methode, sich mit der Pflanzenwelt der Umgebung auseinanderzusetzen. Soll das Resultat zufriedenstellend sein, ist man gezwungen, sich mit allen Gemeinschaften (und Arten) gleichermaßen zu beschäftigen und alle Flächen des Gebiets, auch abgelegene und vermeintlich uninteressante, aufzusuchen. Oft macht man dabei unerwartete Entdeckungen.

Was ist zu beachten?

Wer eine Kartierung der Vegetation plant, sollte sich **am Anfang nicht zu viel vornehmen.** 15–30 Hektar, je nach Vielfältigkeit der Landschaft, nehmen einen geübten Kartierer, der das neben seinem Beruf macht, eine ganze Vegetationsperiode in Anspruch. Richtig ist ein Beginn mit Flächen von wenigen Hektar Größe.

Für eine gründliche Vegetationskartierung wird **mindestens eine Vegetationsperiode** benötigt, da die verschiedenen Gemeinschaften nicht zur gleichen Zeit optimal entwickelt sind.

Bei der Arbeit sollten außer den oben (ab S. 92) dargestellten Überlegungen zur Lage und Größe der Aufnahmeflächen und zum richtigen Zeitpunkt zwei weitere Gesichtspunkte beachtet werden:

1. Diejenigen Gemeinschaften kartieren, die man im Gebiet vorfindet.

Obzwar das zu sagen überflüssig scheint, lohnt es sich, darauf hinzuweisen. Man darf nicht den Fehler machen, theoretische Kenntnisse von Pflanzengesellschaften unbesehen draußen anzuwenden. Die lokale Artenkombination ist oft anders als die in der Fachliteratur beschriebene. Dies hängt damit zusammen, daß im größeren regionalen Bereich verallgemeinert werden muß und lokale Eigenheiten weggelassen werden. Außerdem sind viele lokale Gemeinschaften bisher nicht wissenschaftlich erforscht und deshalb nicht bekannt.

2. Die jahreszeitlichen Aspekte ausnutzen.

Das optimale Entwicklungsstadium einer Gemeinschaft, während dessen die meisten Arten zu sehen sind, ist nicht immer zugleich das beste zum Erkennen der Gemeinschaft im Gelände. Beim Kartieren kommt es ja auch darauf an, die Grenzen der Gemeinschaften zu erfassen und in die Karte einzutragen. Bestimmte Aspekte, zum Teil von nur kurzer Dauer, lassen die Vegetationsgrenzen besonders deutlich hervortreten. Beispielsweise gelingt die Abgrenzung von benachbarten feuchten und trockneren Wiesenflächen leicht im Frühling zur Blüte des Wiesen-Schaumkrauts *(Cardamine pratensis)*, im Sommer macht sie dagegen viel mehr Mühe. Hilfreich kann ferner

Feuchte und nasse Wiesenbereiche lassen sich im Vollfrühling leicht unterscheiden und kartieren, wenn bestimmte Zeigerarten auffällig blühen: rosa das Wiesen-Schaumkraut *(Cardamine pratensis)*, gelb die Sumpf-Dotterblume *(Caltha palustris)*.

die Beobachtung klimatischer Erscheinungen sein, etwa der Schneedecke im ausgehenden Winter, wenn aufgrund von Kleinrelief, Boden und Vegetation bestimmte Flächen früher schneefrei werden als andere.

Welche Kartengrundlage für die Einzeichnung der Pflanzengemeinschaften verwendet wird, hängt von zweierlei ab: vom Umfang des zu bearbeitenden Gebiets und von der Genauigkeit der pflanzensoziologischen Aufnahme. Bei lokalen Kartierungen hat sich ein Maßstab im Bereich von 1:1000 bis 1:5000 als günstig erwiesen. Dann ist die Möglichkeit gegeben, auch kleinflächige Details darzustellen. Großmaßstäbliche Karten kann man von den Gemeinden (Katasterämtern), den Landesvermessungsämtern oder eventuell auch von den Forstämtern beziehen, z. B. Flurkarten im Maßstab 1:1000 oder 1:2000.

Eine große Hilfe bei der Vegetationskartierung sind die **Luftbilder.** Sie sind ebenfalls bei den Vermessungsämtern erhältlich, sind aber nicht billig. Wer sie einmal benutzt hat, wird sie in Zukunft nicht missen wollen. Vegetationsgrenzen, selbst einzelne Bäume und Sträucher, sind auf ihnen erstaunlich gut zu erkennen. Wer Erfahrung gewonnen hat, kann schon am Schreibtisch eine Reihe von Vegetationstypen identifizieren, z. B. verschiedene Waldformationen, die durch unterschiedliche Graunuancen hervortreten.

Auf der Karte werden die Pflanzengemeinschaften durch **verschiedene Signaturen** dargestellt. Man wird sinnvollerweise miteinander verwandte Gemeinschaften zu optischen Gruppen zusammenfassen und von anderen Gruppen stärker absetzen, etwa alle Wiesen- bzw. Waldgemeinschaften mit jeweils derselben Grundsignatur (oder -farbe); die einzelnen Gemeinschaften werden durch Zusatzsignaturen unterschieden. Ziel der Darstellung soll es sein, die Vegetation übersichtlich und zugleich optisch einprägsam wiederzugeben.

Die **Benennung der Gemeinschaften** ist oft ein heikles Problem. Gelingt es nicht, für eine eigene Vegetationsaufnahme den Namen einer schon bekannten Pflanzengesellschaft zu finden, dann reicht es durchaus, eine treffende Bezeichnung nach eigener Wahl zu benutzen; siehe dazu S. 110f. Die Einordnung in das pflanzensoziologische System kann den Wissenschaftlern überlassen werden.

Die Bedeutung der Vegetationskarten Vegetationskarten haben vielfältige Verwendungsmöglichkeiten. Sie dokumentieren zuerst den gegenwärtigen Zustand der untersuchten Fläche. Darüber hinaus ge-

Sukzession auf Kahlschlägen

(Eingriff)	↙ Kahlschlag	↘
Pioniergemeinschaft	Weidenröschen *(Epilobium angustifolium)* – Stadium ↓	Fingerhut *(Digitalis purpurea)* – Stadium ↓
Folgegemeinschaften	Reitgras *(Calamagrostis epigeios)* – Stadium ↓	Himbeer *(Rubus idaeus)* – Stadium ↓
	Vorwald-Stadium mit Zitter-Pappel *(Populus tremula)*, Sal-Weide *(Salix caprea)* und Birke *(Betula pendula)* ↘	Vorwald-Stadium mit Birke *(Betula pendula)* ↙
Schlußgemeinschaft	Buchen-Eichen-Wald	

Auf Kahlschlägen verläuft die Vegetationsentwicklung je nach Standort unterschiedlich, auch die Dauer bis zur Wiederbesiedlung durch den natürlich vorkommenden Wald schwankt. Die Pflanzengemeinschaften, Schlagfluren genannt, haben nur begrenzte Lebensdauer; sie ist bei den Pionierstadien am kürzesten. (Beispiele nach R. Knapp und A. Scamoni).

Auf Kahlschlagflächen stellen sich bereits in der darauffolgenden Vegetationsperiode auffällige Pflanzengemeinschaften ein, die je nach Standort und Klima verschieden zusammengesetzt sind (2 Beispiele S. 106 unten). Das erste Stadium im Odenwald ist gewöhnlich ein Massenauftreten von Weidenröschen (oben). Andere Kahlschlagpflanzen sind z. B. noch die Tollkirsche *(Atropa belladonna)* und das Wald-Greiskraut *(Senecio sylvaticus)*.

ben sie dem, der über die ökologischen Ansprüche von Pflanzengemeinschaften und einzelnen Arten Bescheid weiß, gute Hinweise auf Standortsbedingungen, Bewirtschaftung und Vegetationsgeschichte. Vegetationskarten sind oft die Grundlage für Planungen von Behörden, z. B. beim Straßenbau, bei Siedlungserweiterungen, bei Flurbereinigungen, usw. Auf ihre Bedeutung für den Naturschutz wird in einem späteren Abschnitt (S. 109) noch eingegangen.

Beobachten von Dauerflächen

Eine reizvolle Aufgabe ist es, die Veränderungen der Vegetation zu beobachten, sie zu dokumentieren und die Gesetzmäßigkeiten zu erforschen. Die pflanzensoziologische Arbeitsmethode bietet dazu die Möglichkeit. Die Pflanzengemeinschaften an einem Wuchsort bleiben nur dann unverändert über Jahre erhalten, wenn auch die ökologischen Bedingungen konstant sind. Jede Änderung, sei sie natürlich wie etwa Klimawechsel und Bodenreifung, oder sei sie vom Menschen hervorgerufen, führt zu einem Wandel in der Artenkombination. Der Vorgang wird als **Sukzession** bezeichnet.

Natürliche Sukzessionen, die mit der Entwicklung der Landschaft und den großklimatischen Änderungen einhergehen, verlaufen

langsam, sie nehmen im allgemeinen Jahrhunderte oder Jahrtausende in Anspruch.
Sehr viel weniger Zeit brauchen dagegen normalerweise die Sukzessionen, die vom Menschen in Gang gesetzt werden. Nach einem störenden Eingriff in den Naturhaushalt ist die Vegetationsentwicklung auffällig, Arten kommen und verschwinden zuerst in schnellem Wechsel, später verlangsamt sich die Geschwindigkeit des Wandels zusehends. Der Ablauf der Sukzession in einem speziellen Fall ist vom Standort abhängig, vor allem vom Boden, vom Klima und der umgebenden Vegetation.
Wo gibt es Sukzessionen, die im Eigenstudium untersucht werden können? Einige Beispiele:

- auf nackten Erdflächen, die nach Bauarbeiten vorhanden sind
- auf Kahlschlägen
- auf Sozialbrachen (das sind Flächen, auf denen die Bewirtschaftung eingestellt wurde, weil sich der Arbeitsaufwand nicht lohnt)
- auf Magerwiesen, die seit kurzem stark gedüngt werden
- an neu angelegten Gewässern

In all diesen Fällen verändert sich die Vegetationsdecke von Jahr zu Jahr schnell genug, so daß mit den üblichen Vegetationsaufnahmen die Unterschiede belegt werden können.

Es gibt daneben zahlreiche Sukzessionen, die wesentlich langsamer ablaufen. Man trifft sie z. B. auf Wiesen und Weiden, deren Nutzung geändert oder aufgegeben wurd. Bei solchen langsamen Sukzessionen sind die jährlichen Änderungen zwar stetig, aber gering. Sie zu dokumentieren setzt daher verfeinerte Methoden der Vegetationsaufnahme voraus, die Schätzung der Artmächtigkeit nach dem Verfahren von Braun-Blanquet ist dafür zu grob. Brauchbare Ergebnisse erhält man nur, wenn stark differenzierte Schätzskalen verwendet werden oder die Bedeckung direkt in Prozenten angegeben wird. Dies erfordert viel Erfahrung und großen Zeitaufwand und ist daher eine Angelegenheit der Fachleute.

Wie geht man vor? Um vergleichbare Ergebnisse zu erhalten, müssen Aufnahmefläche und Beobachtungszeit konstant sein. Man markiert die zu untersuchende Fläche am besten mit kleinen Pflöcken (die niemanden stören sollten) oder skizziert ihre Lage anhand von Fixpunkten im Gelände – sie muß exakt wiederzufinden sein. Diese Dauerfläche, oft auch als Dauerquadrat bezeichnet, wenn sie quadratische Maße hat, wird regelmäßig zu bestimmten Zeiten untersucht. Der Zeitpunkt richtet sich nicht nach dem Kalender, sondern nach der jährlichen Vegetationsentwicklung, also nach dem phänologischen Aspekt. Selbstverständlich können auch mehrere Aufnahmen in jedem Jahr gemacht werden, wo dies sinnvoll ist, z. B. um frühblühende Einjährige ebenso wie spätere Sommerblüher zu erfassen.

Weitere Möglichkeit Durch die Beobachtung von Dauerflächen läßt sich genau so gut die Stabilität von Pflanzengemeinschaften zeigen, sofern man die Vegetationsaufnahmen über einen genügend langen Zeitraum wiederholt. Bleiben die Standortsbedingungen gleich, ändert sich gewöhnlich der Bewuchs auf einer Fläche nicht. Ein solches Gleichgewicht kann natürliche Ursachen haben oder kann vom Menschen hergestellt werden, wenn die Art und Intensität der Nutzung über Jahrzehnte beibehalten wird.

Bedeutung für den Naturschutz Entsprechend der großen Bedeutung, die der Biotopschutz im Rahmen der Naturschutzbestrebungen [illegible] hat, spielt auch die Vegetationskunde in der Praxis des Naturschutzes eine wichtige Rolle, denn es sind ihre Arbeitsmethoden, mit denen der Pflanzenwuchs an Biotopen erforscht wird.
Die Bestandsaufnahme in bestehenden und geplanten Schutzgebieten geschieht mit Vegetationsaufnahmen. Dadurch werden nicht nur die vorhandenen Arten ermittelt, sondern zugleich ihre gegenseitigen Beziehungen dargestellt. Aufgrund der Kenntnisse von den Pflanzengemeinschaften kann dann auf die Standortsfaktoren rückgeschlossen werden. Die gründliche Bearbeitung eines Schutzgebietes umfaßt, was die Botanik betrifft, pflanzensoziologische Aufnahmen aller Vegetationstypen, eine Vegetationskarte, Listen für die geschützten und gefährdeten Arten und möglichst auch Hinweise auf die Vegetationsgeschichte und die zukünftige Entwicklung.
Eine vordringliche Aufgabe für die Vegetationskundler ist die Sukzessionsforschung, deren Erkenntnisse bei der Ausarbeitung von Pflegeplänen dringend benötigt werden. Von den richtigen Pflegemaßnahmen hängt es ab, ob die biologische Substanz eines Schutzgebietes auf Dauer erhalten bleibt und das Gebiet letztlich seinen Wert behält.

Nicht zuletzt: Einige Grundbegriffe der Vegetationskunde

Die Vegetationskunde untersucht das Zusammenleben der Pflanzen und ihre Beziehungen zur Umwelt. In Analogie zur Soziologie, welche die Strukturen der menschlichen Gesellschaft erforscht, wird sie oft

auch als **Pflanzensoziologie** bezeichnet.
Wenn der Vegetationskundler die Struktur von Pflanzengemeinschaften ermittelt, bedient er sich der Vegetationsaufnahme. Bei der anschließenden Auswertung vergleicht er die Aufnahmen, er arbeitet die Ähnlichkeiten bzw. Differenzen im Artenbestand der Aufnahmeflächen heraus und er faßt die Aufnahmen auf Grund seiner Befunde in Gruppen zusammen.
Diese Gruppen von Vegetationsaufnahmen, die nach ihrer floristischen Ähnlichkeit zusammengestellt sind, heißen Pflanzengesellschaften. Der Begriff bezieht sich demnach nicht auf den realen Pflanzenbestand an einem Fundort, sondern auf einen abstrakten Vegetationstypus, der vom Wissenschaftler eingeführt wird. Im Sprachgebrauch ist daher zu unterscheiden zwischen Pflanzenbeständen oder -gemeinschaften im konkreten und Pflanzengesellschaften im abstrakten Sinn.

System der Pflanzengesellschaften

Die Pflanzengesellschaften werden in einem hierarchischen System geordnet und benannt. Eine zentrale Stellung in diesem System hat die Assoziation. Sie ist als Grundeinheit folgendermaßen definiert: Sie ist die kleinste Vegetationseinheit, in der einige Arten, zumindest aber eine, ihren Verbreitungsschwerpunkt haben. Diese Arten heißen Charakter- oder Kennarten. Oder anders ausgedrückt: Alle diejenigen Vegetationsaufnahmen, die gemeinsam solche Charakterarten besitzen, bilden eine Assoziation.

Bestimmen der Gesellschaften

Wer Vegetationsaufnahmen macht, möchte meist auch gerne wissen, mit welchen Gesellschaften er es zu tun hat. Das herauszufinden ist manchmal nicht leicht.
Da die Gesellschaften durch ihre Charakterarten definiert sind, können sie nur an diesen zweifelsfrei erkannt werden. Was jedoch fehlt, sind Bestimmungsbücher für die Vegetationseinheiten ähnlich denen, wie wir sie für die Flora gewöhnt sind. Immerhin gibt es Hilfen, die den Einstieg erleichtern. Das sind die Schlüssel von O. Wilmanns und F. Runge (siehe S. 184f.). Sie führen zu den Klassen sowie zu einem Teil der Ordnungen und Verbände. Für die genauere Bestimmung ist Spezialliteratur nötig.
Niemand sollte sich hindern lassen, Vegetationsaufnahmen anzuferti-

Rangstufen der Pflanzengesellschaften und ihre Benennung

Rangstufe	Endung	Beispiel	Deutsche Bezeichnung
Klasse	-etea	Molinio-Arrhenatheretea	Wirtschafts-Grünland
Ordnung	-etalia	Arrhenatheretalia	Fettwiesen
Verband	-ion	Arrhenatherion	Glatthafer-Wiesen oder Tal-Fettwiesen
Assoziation	-etum[1]	Dauco-Arrhenatheretum	Glatthafer-Wiesen der planaren und kollinen Stufe
Subassoziation	-etosum	Dauco-Arrhenatheretum brizetosum	magere Ausbildung der ..
Variante	--	Salvia-Variante des Dauco-Arrenatheretum	Salbei-Variante der ..
Fazies	-osum[2]	Dauco-Arrhenatheretum brizetosum bromosum erecti	Fazies der Aufrechten Trespe der ..

[1] Manchmal wird zur Bezeichnung auch der Artname benutzt, dem »Assoziation« angefügt wird, z. B.: Eriophorum-vaginatum-Assoziation (= Gesellschaft des Scheidigen Wollgrases) in Hochmooren.
[2] Statt der Endung ist auch »Fazies von ..« möglich, z. B.: Fazies von Bromus erectus.

Wissenschaftliche Namen: An den Gattungsnamen, genauer: an dessen Wortstamm, wird die entsprechende Endung angefügt, z. B. Arrhenather*um* → Arrhenather*ion*. Bei zusammengesetzten Bezeichnungen erhält der 1. Gattungsname ein *-o* als Endung, z. B. Dauc*us* → Dauc*o*. Der Beiname der Art steht immer im Genitiv, z. B. Brom*us* erect*us* → brom*osum* erect*i*; der Beiname wird oft weggelassen, sofern bei kleinen Gattungen keine Verwechslung möglich ist, z. B. A. elat*ius* → Arrhenather*etum* (elat*ioris*). (Beispiel nach H. Ellenberg, verändert).

gen, nur weil ihre exakte Bestimmung schwierig ist; denn sie ist keineswegs wichtig. Viel mehr kommt es darauf an, die Artenkombination an einem Fundort festzuhalten. Es reicht dann völlig, für sich selbst und für die Verständigung mit anderen einen provisorischen Namen zu verwenden. Man kann dazu auffällige Arten heranziehen oder die deutschen Bezeichnungen der Vegetationstypen.
Die Bestimmung der Vegetationsaufnahme kann genauso wie die eines Herbarbelegs nachträglich durch einen Spezialisten erfolgen.

Floristische Kartierung

Wozu kartieren?

Wer nicht eingeweiht ist, wird mit Erstaunen zur Kenntnis nehmen, daß die Verbreitung der heimischen Pflanzenarten erst recht lückenhaft bekannt ist. Grob weiß man zwar Bescheid, aber im Detail ist vieles offen, besonders die regionale und die lokale Verbreitung vieler Arten ist noch aufzuklären. Diese Mängel sollen durch die floristische Kartierung behoben werden.

Die Flora kartieren heißt, die Fundorte der Arten ermitteln und in Karten darstellen. In erster Linie ist das eine Tätigkeit im Gelände, die Arten müssen an ihren Wuchsorten aufgesucht und notiert werden. Je häufiger ein Kartierer unterwegs ist, umso mehr Daten wird er sammeln können und umso besser wird das Kartierungsergebnis sein. Das Kartieren ist daher die richtige Beschäftigung für den, der sich gern in der Natur aufhält und dabei Sinnvolles tun will.

Zudem ist die Kartierung eine dringende Aufgabe; denn die Zeit eilt davon. Während heute die Natur vom Menschen mehr und mehr umgestaltet wird, verschwinden viele Arten von ihren angestammten Wuchsplätzen, bevor wir sie überhaupt registriert haben. Es gilt, so schnell wie möglich die Verbreitungsdaten zu komplettieren, damit sie bei Planungen berücksichtigt und schwerwiegende Verluste an Arten vermieden werden können. Nicht zuletzt dient die Kartierung daher auch dem Naturschutz: sie gibt an, welche Arten wo zu erhalten sind.

Die floristische Kartierung wird im Rahmen mehrerer Projekte betrieben, die jeweils verschiedene Pflanzengruppen oder verschiedene Gebiete betreffen. Das Hauptprojekt ist die Kartierung der Gefäßpflanzen Mitteleuropas. Dieses wird hier anschließend als Beispiel genauer besprochen.

Wer selbst kartieren möchte, kann sich an einem Projekt beteiligen (Adressen siehe S. 176). Das hat mehrere Vorteile:

- Man erhält Arbeitsunterlagen und Informationen.
- Man trifft auf Gleichgesinnte.
- Man kann Pflanzen zum Bestimmen einsenden.

Man kann sich aber auch mehr an den eigenen Interessen orientieren und eine eigene Kartierung starten. Sinnvoll ist das besonders für ein kleines Gebiet, etwa die Umgebung des Wohnorts, wo man sich eine Fläche von etwa 50–100 km^2 vornimmt (siehe S. 134). Jede eigene Kartierung sollte man aber auf das größere Projekt abstimmen, damit die Daten austauschbar bleiben.

Leberblümchen *(Hepatica nobilis)*.

Floristische Kartierung

Kartierung heute

Zwei Entwicklungen in der heutigen Industriegesellschaft haben die Arealkunde stark beeinflußt: die fortschreitende Zerstörung der natürlichen Umwelt und der Fortschritt in der elektronischen Datenverarbeitung. Negativer und positiver Aspekt gehören auch hier eng zusammen. Während neue Verfahren der Datenverarbeitung einerseits wesentlich an der industriellen Expansion und damit an den Veränderungen in der Flora beteiligt sind, erschließen sie andererseits neue Möglichkeiten für die arealkundliche Forschung.
Der erste Meilenstein in einer neuen Ära der Arealkunde war der ›Atlas der britischen Flora‹ (herausgegeben von F. H. Perring und S. M. Walters), der 1962 erschienen ist. Zum ersten Mal war ein Verbreitungsatlas für ein großes Gebiet mit Hilfe von Computern bearbeitet und gedruckt worden. Das Erscheinen des Bandes war der Anstoß, ähnliche Großprojekte auch anderswo zu starten, z. B. die Kartierung der Flora Mitteleuropas.

Elektronische Datenverarbeitung
Ihre Vorzüge sind die große Speicherkapazität und die Schnelligkeit bei der Auswertung der Informationen. Für die Arealkunde bedeutet dies, daß zwar die Geländearbeit zur Feststellung der Wuchsorte nach wie vor nötig ist, daß aber das Speichern und Sortieren der Daten bis hin zum vollautomatischen Druck der Verbreitungskarten in Rechenzentren erfolgen. Erst so wird es möglich, die Verbreitung des kompletten Artenbestands einer Flora in relativ kurzer Zeit zu erfassen.
Die Zusammenarbeit zahlreicher interessierter Menschen ist eine weitere wesentliche Bedingung für das Gelingen der neuen Kartierungsprojekte. Bisher hatten einzelne Forscher oder kleine Forschergruppen die Arealkarten angefertigt, indem sie die weit verstreuten Daten in oft mühseliger Kleinarbeit zusammensuchten und mit der Hand in die Karten eintrugen. Daß dazu sehr viel Zeit benötigt wird, versteht sich von selbst.
Die maschinelle Datenverarbeitung beschleunigt aber nicht nur das Verfahren, sondern eröffnet auch neue Wege für die Datensammlung. Eine große Menge von Fundorten wird nicht mehr zum unüberwindlichen Hindernis in der Praxis, da sie leicht gespeichert und mühelos in jeder gewünschten Weise aufbereitet werden kann. Die Datensammlung kann daher gezielt von vielen Personen gemeinsam betrieben werden, je mehr es sind, um so vollständiger werden am Ende die Karten sein. Die neuen Kartierungspro-

jekte sind so zu umfangreichen Unternehmungen geworden, bei denen die Hobbybotaniker gegenüber den Wissenschaftlern sogar in der Überzahl sind. Auf den Britischen Inseln arbeiteten 1500 Kartierer mit, in Mitteleuropa sind es derzeit einige Tausend.

Der letzte Arbeitsgang, der Druck der Arealkarten, geschieht automatisch mit sogenannten computergesteuerten Plottern.

»Kartierung der Flora Mitteleuropas«

Geschichte

Im Jahr 1964 wurden die Pläne erstmals öffentlich diskutiert, eine floristische Kartierung in Mitteleuropa durchzuführen. Nachdem das Projekt großen Wiederhall gefunden hatte, begann schon 2–3 Jahre später die Geländearbeit.

Organisation

Wissenschaftler und Hobbybotaniker der folgenden 7 Staaten arbeiten an dem Projekt mit: Bundesrepublik Deutschland, Deutsche Demokratische Republik, Österreich, Schweiz, Italien, Jugoslawien und Tschechoslowakei; nachträglich schloß sich auch Ungarn an. Die Gebiete der 4 letztgenannten Staaten werden nur zum Teil erfaßt, südwärts bis 45° N und ostwärts bis 19° 10′E, also Italien nördlich des Po, von Jugoslawien Slowenien und der Nordteil Kroatiens, von der Tschechoslowakei Böhmen, Mähren und der Westteil der Slowakei sowie Ungarn ostwärts bis zur Donau. In allen Staaten wurden Zentralstellen eingerichtet (einige Adressen auf S. 176), welche die Daten zuerst getrennt sammeln. Große Gebiete wurden weiter unterteilt, die Bundesrepublik z. B. in 28 Regionalstellen.

Die Zahl der Mitarbeiter geht in die Tausende. Das Projekt ist beispielhaft für eine fruchtbare Kooperation von Berufsbotanikern und engagierten Hobbybotanikern. Die sogenannten »Laien« bewältigen einen beträchtlichen Teil der Feldarbeit und sind in mehreren Regionalstellen federführend; den Wissenschaftlern obliegt überwiegend die Leitung der Zentralstellen, die Koordination und Organisation des Projekts. Die Mitarbeit ist ehrenamtlich. Die Gelder, die ein solch großes Vorhaben benötigt, z. B. für die Anstellung einiger hauptamtlicher Kartierer und Koordinatoren, für Materialien oder für Mietgebühren des Rechenzentrums, werden aus öffentlichen Forschungsmitteln bestritten.

Wer neu bei der floristischen Kartierung mitmachen will, kann sich an die Zentralstelle des Landes wenden. Sie wird ihm alle benötigten Unterlagen zuschicken und ihn mit der nächstgelegenen Regionalstelle in Kontakt bringen; diese übernimmt anschließend die weitere Betreuung.

Taxonomische Basis
Wer die Bestimmungsbücher zur Hand nimmt, die es derzeit auf dem Markt gibt, wird oft beträchtliche Unterschiede feststellen, was die wissenschaftliche Benennung und die Bewertung mancher Arten betrifft. Genau das entpuppte sich auch als wesentliches Hindernis in der Anfangsphase des Projekts. Es galt, eine für alle Länder verbindliche taxonomische Basis zu finden, d. h. eine Liste aller Arten und ihrer wissenschaftlichen Namen zu erarbeiten. Dies ist die »Liste der Gefäßpflanzen Mitteleuropas«, die 1967 in der ersten und 1973 in einer revidierten Auflage erschien. Die Liste enthält in alphabetischer Folge nahezu 6000 Arten und Unterarten; jede ist im Hinblick auf die maschinelle Datenverarbeitung mit einer Codenummer versehen. Als Bestimmungsflora ist diese Liste nicht angeplant, sie eignet sich aber, um den korrekten Namen einer Art und die Synonyme aufzufinden.

Rastermethode
Grundlagen Das Verbreitungsgebiet (Areal) einer Art kann auf verschiedene Weise dargestellt werden. Die einfachste Lösung ist, die bekannten Fundpunkte in eine Landkarte einzutragen. Es entsteht die Verbreitungs- oder Arealkarte, die uns ein einprägsames Bild vermittelt, mit dem wir vielerlei Assoziationen verbinden können.
Die so entstandene Verbreitungskarte wird als **Punktkarte** bezeichnet. Von ihr leiten sich 2 Kartentypen ab, die das Areal generalisierend zeigen: die Umrißkarte und die Flächenkarte. Hierbei wird das Siedlungsgebiet außen umfahren bzw. flächig eingefärbt. Bei Bedarf werden die Möglichkeiten oft kombiniert.
In ihrer prinzipiellen Anlage verschieden ist ein weiterer Kartentyp: die **Gitternetz-** oder **Rasterkarte.** Bei ihr wird von vornherein ein gewisses Maß an Ungenauigkeit kalkuliert und man verwendet sie daher, wenn die Fundorte entweder nicht genau bekannt sind oder nicht genau eingetragen werden sollen.
Die Rasterkarten weichen um so stärker von der Realität ab, d. h. sie werden umso ungenauer, je größer die Rasterfläche gewählt wird. Andererseits nähern sie sich der Qualität von Punktkarten, wenn das Gitternetz engmaschiger wird.

2 Verfahren der Arealdarstellung: Punktkarte (oben) und Rasterkarte (unten). Gezeigt ist die Verbreitung der Ästigen Graslilie *(Anthericum ramosum)* in Nordbayern. (Aus: Göttinger Floristische Rundbriefe 5, 1971).

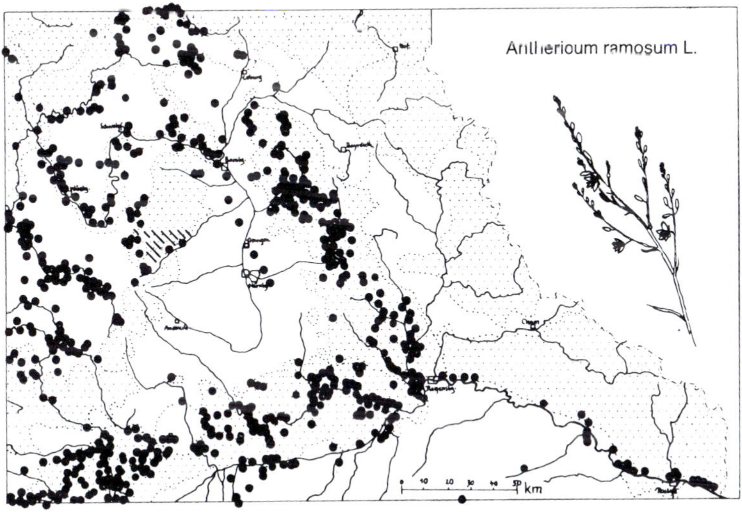
Anthericum ramosum L.
0 10 20 30 40 50 km

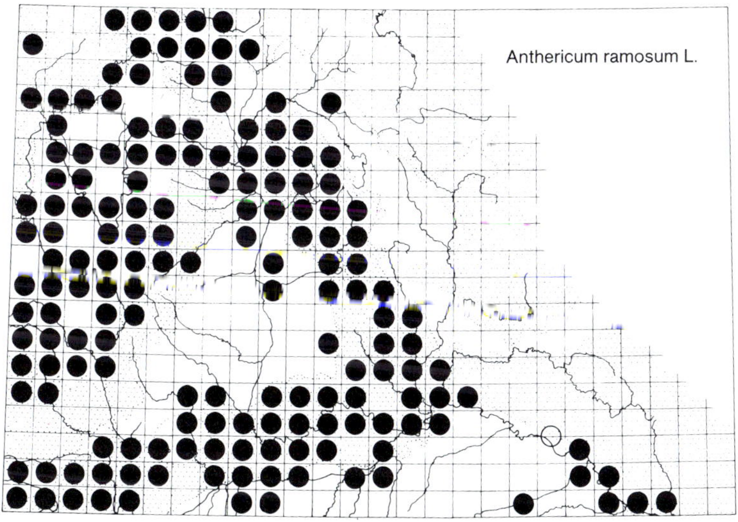
Anthericum ramosum L.

Floristische Kartierung

Werden wie bei der floristischen Kartierung Automaten zum Kartendruck eingesetzt, dann müssen Rasterkarten hergestellt werden, da die Maschinen Zeichen nur an vorprogrammierte Positionen in regelmäßigen Abständen drucken können. Die Schnelligkeit der Herstellung muß also mit einem Verzicht auf den an sich genauesten Kartentyp, die Punktkarte, erkauft werden.

Praxis Bei der Planung des mitteleuropäischen Projekts galt es, ein Gitternetz zu finden, das den Anforderungen des Kartendrucks entspricht und zugleich in der Kartierungspraxis leicht zu handhaben ist. Wichtig war dabei auch der Gesichtspunkt, ein Landkartenwerk zur Hand zu haben, in welches das gewählte Gitternetz problemlos einzutragen ist. Man beschloß schließlich, sich an dem geographischen Gradnetz zu orientieren: Das Rasterfeld, in der Kartierung als Grundfeld bezeichnet, erstreckt sich über 10′ geographischer Länge und 6′ geographischer Breite. Der Vorzug dieser Wahl ist, daß für Deutschland Landkarten in eben dieser Gradeinteilung vorhanden sind, die topographischen Karten 1:25.000 (auch Meßtischblätter [MTB, Mtbl.]) genannt. Grundfeld und Kartenblatt sind identisch, was die Arbeit im Gelände sehr erleichtert. Auf das Gebiet anderer Staaten läßt sich das System unschwer übertragen, indem in die Karten das Gradnetz eingezeichnet wird.

Die Grundfelder sind ellipsoidische Trapeze, die in ihren Maßen Quadraten nahe kommen. Ihre Nord-Süd-Erstreckung ist konstant 11,1 km, da die Breitenkreise stets den gleichen Abstand haben; ihre Ost-West-Erstreckung dagegen schwankt zwischen 10,7 km an der Nordgrenze des Kartierungsgebiets (55° in Schleswig) und 13,6 km an der Südgrenze (45° in der Lombardei), bedingt durch die polwärts zusammenlaufenden Längenkreise. Das Gradnetz wird für den Zweck der Kartierung in ein quadratisches Gitternetz transformiert, wodurch die Mittelpunkte der Grundfelder den gewünschten konstanten Abstand erhalten. Erkauft wird das mit einer leichten Verzerrung der Karte, doch ist die Orientierung anhand der Gewässer und Grenzen gut möglich.

Die Grundfelder tragen eine vierstellige Kennziffer, die den Nummern der deutschen topographischen Karten entsprechen. Die beiden ersten Ziffern bezeichnen die horizontalen Reihen, von Nord nach Süd in aufsteigender Folge, die beiden letzten Ziffern die vertikalen Spalten, von West nach Ost geordnet.

Die Zahl der Grundfelder für das gesamte Kartierungsgebiet beträgt annähernd 5500. Auf die Bundesrepublik entfallen 2100, auf die Schweiz 300 und auf Österreich 600.

Kartierungsverfahren
Wer mit der verfügbaren Literatur die Verbreitung einer Art ermitteln will, wird oft auf einen erstaunlichen Sachverhalt stoßen: je seltener eine Art ist, um so häufiger findet er detaillierte Angaben zu den Fundorten. Die häufigeren Arten werden dagegen mit allgemeinen, nichtssagenden Hinweisen abgehandelt. Man gewinnt den Eindruck, als seien diese Arten überall vorhanden. Das stimmt durchaus nicht; denn viele der vermeintlichen Häufigen fehlen in Landstrichen oder sind mancherorts selten, nur wir wissen davon nichts. Arten, die tatsächlich verbreitet sind, die z.B. ganz Deutschland (fast) lückenlos besiedeln, gibt es wenige, schätzungsweise 100–200. 2 Beispiele sind das Gänseblümchen *(Bellis perennis)* und die Brennessel *(Urtica dioica).*

Nahezu überall in Mitteleuropa von den Ebenen bis in die Gebirge ist das Gänseblümchen *(Bellis perennis)* anzutreffen.

Diese Kenntnislücke zu füllen ist eines der wichtigen Ziele der floristischen Kartierung. Das Augenmerk ist demnach gerade auch auf diejenigen Arten zu richten, die man sonst gerne vernachlässigt, weil man ihnen zu oft begegnet. Notiert werden muß also alles – und das wird zur aufwendigen Schreibarbeit. Die Lösung des Problems sind die Geländelisten, die speziell zur Erleichterung der Feldarbeit entwickelt wurden.

Geländeliste Sie enthält eine komplette Liste der Arten, die in einem Gebiet vorkommen. Die Pflanzen sind nach ihren wissenschaftlichen Namen alphabetisch geordnet und in einer Kurzform auf engem Raum gedruckt. Auf der Geländeliste für die Bundesrepublik beispielsweise, die als Faltblatt angelegt ist, sind die Arten auf 5 Blättern des Formats DIN A5 untergebracht. Für die anderen Gebiete Mitteleuropas existieren ähnliche Geländelisten, sie sind jedoch entsprechend der abweichenden Flora mit anderen Arten bedruckt.

5420	22	K. P. Buttler	
Meßtischblatt-Nr.	Quadrant	Bearbeiter	bitte nicht ausfüllen

Standorte:	p	c	sm	m	o	sa	a		p	c	sm	m	o	sa	a
Fels, kalkreich								Gewässer, fließend			1				
kalkarm			1					stehend							
Geröll, kalkreich								Hoch- und Zwischenmoore							
kalkarm								Zwergstrauchheiden							
Alluvionen								Gebüsche			2				
Dünen, Sandfluren								Au- und Bruchwälder							
Salzfluren								Laubwälder			1				
Magerrasen (Trock.,alp.u.ä.)			2					Nadelwälder			2				
Düngeweiden			3					Blockhalden, Hochstaudenfl.							
Düngewiesen			3					Gärten, Äcker			2				
Sumpfwiesen, Flachmoore			1					Ruderalfluren			1				
Röhrichte, Rieder															

Ausbildung: — = fehlend 1 = fragmentarisch 2 = mittelmäßig 3 = großflächig

Höhenstufen	planar (p)	collin (c)	submont. (sm)	mont. (m)	oreal (o)	subalpin (sa)	alpin (a)
im Gebiet (m ü.N.N.):			350–470				

1 2 3 4

wenig mittel gut

Grad der Durchforschung

Beobachtungsgebiet oder Einzelfundorte:	Datum
Nordwestl. Unterer Vogelsberg: Bobenhausen II	1979 1980
Umgebung des Ortes	
1–9, a–f i k m n	

Sonstige Arten, Bemerkungen:

Cerastium holosteoides
Lamiastrum montanum 34e
Galium album
Veronica lucorum 7
Leucanthemum irkutianum
Sedum maximum 59n
Polygala oxyptera g
Galium pumilum
E Cerastium tomentosum 9

Alchemilla acutiloba k
– " – monticola a
Pulmonaria obscura b
Alchemilla glaucescens
Viola reich. x rivin. m
~~Dianthus spec. ig~~
Rosa (behaart) 9 i

Erfaßte Artengruppen: möglichst alle – außer folgenden – nur die folgenden*):

Rubus-fruticosus-Kleinarten

*) Zutreffendes bitte unterstreichen

In der Liste zu verwendende Zeichen (vgl. Arbeitsanleitungen)
• = Aggregat K = kultiviert E = eingebürgert }x = Bastard S = synanthrop (allg., ohne Entscheidung über Status)
+ = Kleinart U = unbeständig (adventiv) H = Herbarbeleg vorhanden [] = ausgestorben A = angesalbt I = Indigenat gesichert

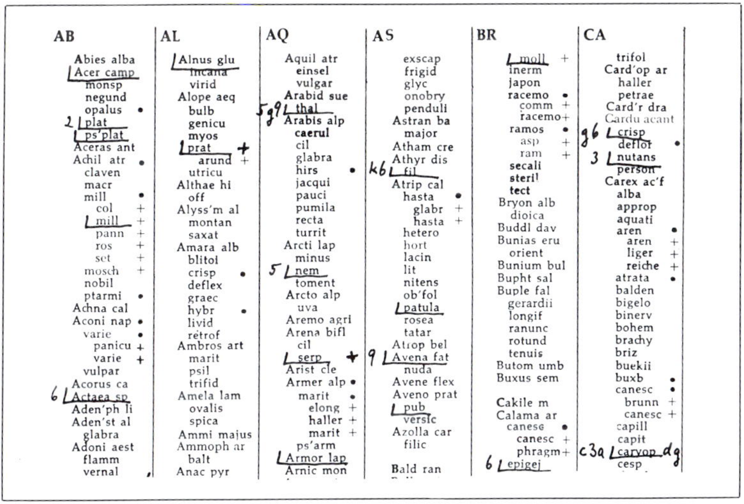

Beispiel einer ausgefüllten Geländeliste. Gezeigt ist der in der Bundesrepublik verwendete Typ: links der Listenkopf, oben ein Ausschnitt aus der Artenliste. Am linken Rand des Listenkopfes finden sich die Abkürzungen der Status-Begriffe, die auf S. 124 erläutert sind. Im Beispiel wurde der Viertelquadrant 5420/22 bei Bobenhausen II im Unteren Vogelsberg (Hessen) kartiert. Die Vorkommen der Arten wurden nach kleinflächigen Fundorten getrennt notiert und durch Zeichen bei den Artnamen markiert. Die Lage der Fundorte ist auf dem Kartenausschnitt unten eingetragen. Die beiden zusätzlichen Linien auf der Karte sind die Grenzen der Viertelquadranten.

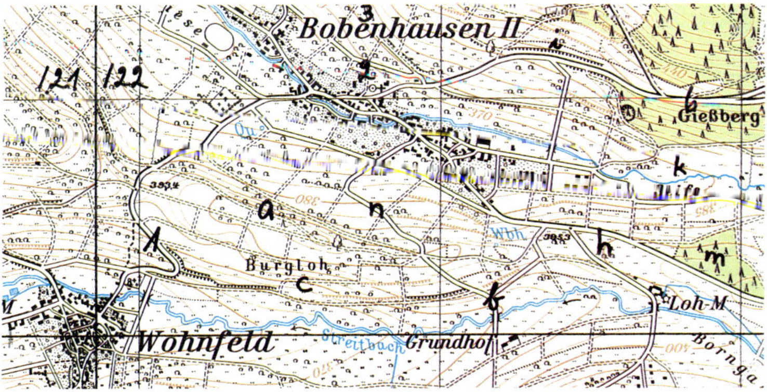

Ferner enthalten die Geländelisten einen Kopfteil, wo allgemeine Beobachtungsdaten eingetragen werden: besuchtes Gebiet, Kartierer, Datum, ökologische Notizen, Grad der Durchforschung.

Feldarbeit Beim Gang im Gelände braucht eine Art nur auf der Liste angestrichen zu werden. Dabei entfällt die Schreibarbeit. Ein weiterer Vorteil tritt erst später zutage: das Wiederfinden des Beobachteten wird erleichtert, weil man auf einer geordneten Liste und nicht in unsortierten Aufzeichnungen suchen kann. Anfangs mag der Umgang mit den Geländelisten etwas mühsam sein, bis man sich an die Reihenfolge gewöhnt und auch die lateinischen Namen gelernt hat, ist diese Phase dann überwunden, was meist schnell geht, wird man nicht mehr auf die gedruckte Vorlage verzichten wollen.

Im Sinn der floristischen Kartierung ist es ausreichend, für 1 Grundfeld 1 Geländeliste zu führen. Das Vorhandensein der Art wird ja später, gleichgültig wie häufig sie ist, auf der Karte mit einem Rasterpunkt markiert. Beim Übergang in ein neues Grundfeld muß eine neue Liste begonnen werden.

Bestimmungen des Naturschutzes einhalten Der Kartierer kommt mit den Verordnungen gewöhnlich nur dann in Kontakt, wenn er in einem Schutzgebiet arbeiten will. Dort muß er auf den Wegen bleiben, es sei denn, er hat sich für das Betreten des gesamten Geländes eine Ausnahmegenehmigung beschafft.

Kartierung und Eigeninteressen
Wer bei der Kartierung mitarbeitet, wird seine Beobachtungslisten im allgemeinen selbst sammeln wollen. Er wird sie sich von der Regionalstelle nach der Auswertung zurückgeben lassen. Gemessen an den eigenen Interessen, die mit denen der Kartierung oft nicht übereinstimmen, ist das Ausfüllen einer Gesamtliste für das Grundfeld allerdings keine günstige Methode. Immerhin ist das Gebiet etwa 130 km^2 groß – und sind auf mehreren Gängen einige Hundert Arten notiert worden, ist es später selbst bei hervorragendem Gedächtnis unmöglich zu sagen, wo eine einzelne Pflanze wuchs. Wer Kartierung und eigene Vegetationsstudien verbinden will, sollte sich von Anbeginn eine modifizierte Methode ausdenken, die beiden Ansprüchen gerecht wird. Als Regel mag das gelten, was auf S. 63 zur Kartei für Pflanzenlisten gesagt ist.

Eigene Beobachtungslisten Eine Lösung in der Praxis kann sein, für kleine Teilgebiete in einem Grundfeld jeweils getrennte Listen anzulegen. Eine andere Möglichkeit ist jene, die Arten zwar auf einer Geländeliste anzustreichen, sie aber zusätzlich durch Buchstaben oder Zahlen für kleinere Beobachtungsgebiete zu markieren (siehe S. 121). Jeder kann sein eigenes System entwickeln und sollte dabei bedenken: viele Einzelheiten lassen sich zu einem Ganzen vereinen, ein Ganzes hingegen ist nachträglich nicht teilbar.

Herbar als weitere Kartierungshilfe Beim Kartieren leistet ein Herbarium stets gute Dienste. Stößt man im Gelände auf Pflanzen, die man nicht kennt und auch nicht sofort bestimmen kann, lohnt es sich, Belegexemplare mitzunehmen. Das passiert auch dem erfahrenen Floristen regelmäßig. Und nur so geht der Fund nicht verloren. Die Pflanze kann in Ruhe zu Hause überprüft und eventuell einem Bekannten, der sich besser auskennt, gezeigt werden. Auf der Geländeliste wird mit einem »H« hinter dem Namen auf den Herbarbeleg hingewiesen. So weiß man selbst, was man gesammelt hat, aber auch die Regionalstelle erhält davon Kenntnis und vermag rückzufragen, wenn der Fund gar zu ungewöhnlich erscheint. Hilfreich ist es vor allem, solche Arten zu belegen, am besten mehrfach von verschiedenen Wuchsorten, die bekanntermaßen schwierig zu bestimmen sind. Der eigenen Formenkenntnis kommt das sehr zugute.

Angabe des Status

Mit der Kartierung soll nicht allein die Verbreitung einer Art ermittelt werden, sondern es soll auch unterschieden werden, ob die Vorkommen natürlich sind oder auf menschliche Tätigkeit zurückgehen. Daher ist es nötig, den Status bereits im Gelände zu notieren.

Akelei *(Aquilegia vulgaris)*. Kultivierte Varianten verwildern leicht (siehe S. 124).

Der Status eines Vorkommens kann mit dem Schlüssel auf S. 124 bestimmt werden. In der Kartierungspraxis werden 6 Zeichen verwendet (siehe die linke Randleiste der Geländeliste aus S. 120). Nicht in jedem Einzelfall wird es gelingen, den Status exakt einzuschätzen. Dafür wäre manchmal eine Beobachtung über mehrere Jahre nötig. In solchen Fällen ist die persönliche Erfahrung hilfreich. Man muß versu-

Floristische Kartierung

Schlüssel zum Bestimmen des Status eines Vorkommens

1. Die Ansiedlung der Art erfolgte ohne Hilfe des Menschen . . . . . . **1. einheimisch** (= indigen)
– Der Mensch war bei der Ansiedlung der Art beteiligt 2
2. Die Ansiedlung erfolgte absichtlich . . . . **5. kultiviert**
– Die Ansiedlung erfolgte unabsichtlich 3
3. Die Art wächst an ungestörten Standorten und behauptet sich aus eigener Kraft . . . . **2. neuheimisch**
– Die Art wächst an vom Menschen beeinflußten (anthropogenen) Standorten und würde bei Aufhören des Einflusses verschwinden . . . 4
4. Der Mensch wirkt bei der Erhaltung der Art nicht direkt mit . . . **3. kulturabhängig**
– Der Mensch ermöglicht die Erhaltung der Art, sie pflanzt sich nicht selbständig fort . . . . **4. unbeständig** (= ephemer)

Die Numerierung der Status-Begriffe gibt den Grad der Einbürgerung in der heimischen Flora in abnehmender Folge an. Es sind noch weitere Status-Begriffe in Gebrauch, die jeweils verschiedene der obigen Kategorien umfassen:

wild: 1+2+3+4
eingebürgert: 2+3
synanthrop: siehe S. 175
adventiv: 2+3+4 (siehe S. 173)
ansässig: 1+2+3
angesalbt: siehe S. 147

Die bei der Kartierung verwendeten Status-Angaben und deren Abkürzungen stehen am linken Rand des Listenkopfes (siehe S. 120).

chen, alle Fundumstände zu beurteilen: ist der Standort gestört, wieviele Pflanzen sind es, wie gedeihen sie, fruchten sie, gibt es Keimlinge?
Das Status-Zeichen wird in die Geländeliste hinter dem Artnamen eingetragen. Es darf sich nur auf einen bestimmten Fund beziehen, da der Status nicht bei allen Vorkommen einer Art gleich zu sein braucht.
Unbedingt müssen Einheimische (Indigene) gekennzeichnet werden, wenn sie anthropogen auftreten. Im intensiv kultivierten Mitteleuropa trifft man häufig auf solche Fälle.
Einige Beispiele: Die Akelei *(Aquilegia vulgaris)*, bei uns Wildpflanze,

wird viel in Gärten gehalten. Sie verwildert leicht und vermag sich auch an naturnahen Standorten einzubürgern (U oder E, zu erkennen oft an den Farbvarianten). Eine Arealkarte, mit sämtlichen Vorkommen ohne Unterschied eingetragen, ergäbe ein falsches Bild von der natürlichen Verbreitung.

Bäume und Sträucher wie Feld-Ahorn *(Acer campestre)*, Wolliger Schneeball *(Viburnum lantana)*, Kornelkirsche *(Cornus mas)* und viele andere sind oft angepflanzt (K und E), auch außerhalb ihrer natürlichen Areale, und bürgern sich zuweilen ein.

Bei Farnen, wie der Mauerraute *(Asplenium ruta-muraria)* oder dem Streifenfarn *(A. trichomanes)*, die häufig an Mauern wachsen, also an sekundären Standorten (Status: E), sollte man umgekehrt notieren (I), wenn man sie in natürlicher Umgebung antrifft, etwa an Felsen.

Samen werden gelegentlich mit Baumaterial verschleppt, z. B. mit Straßenschotter; dann kann es vorkommen, daß in einem Sandsteingebirge unerwarteterweise Kalkzeiger eingebürgert sind (E), die in einiger Entfernung indigen vorkommen – oder umgekehrt.

Bei den Adventiven (siehe S. 124), die in Mitteleuropa nie heimisch waren, kann schon eher auf die Statusangabe verzichtet werden. Zu dieser Gruppe gehören z. B. Robinie *(Robinia pseudacacia)*, Wasserpest *(Elodea canadensis)*, Franzosenkraut *(Galinsoga)*, Kleines und Drüsiges Springkraut *(Impatiens parviflora, I. glandulifera)*, Kanadische Goldrute *(Solidago canadensis)* und Staudenknöterich *(Reynoutria)*, um nur einige weit verbreitete Arten zu nennen. Bei ihnen sollte man nach Möglichkeit den Grad der Einbürgerung notieren (U oder E), weil daraus später Rückschlüsse auf Ausbreitungszeit und -weg möglich sind.

Kultivierte werden im Rahmen der Kartierung berücksichtigt, sofern sie in der freien Landschaft vorkommen (K). Der einen oder anderen Art gelingt es vielleicht, in der heimischen Flora Fuß zu fassen – dann ist es erfreulich, etwas über ihre Herkunft zu wissen.

Selbstverständlich sind auch Ansalbungen (siehe S. 147) in der Geländeliste hervorzuheben (A), verfälschen sie doch das Arealbild beachtlich. Ihren Status zu erkennen, erfordert allerdings meist viel Erfahrung und langjährige Kenntnis der Landschaft. Wie etwa ist ein Bestand von Seerose *(Nymphaea)* oder Rohrkolben *(Typha)* in einem künstlichen Teich zu beurteilen? Wurden die Pflanzen eingesetzt oder kamen sie auf natürlichem Weg mit Wasservögeln an? Antworten lassen sich nachträglich oft nicht recherchieren.

Floristische Kartierung

Artenreichtum

Wann ist ein Grundfeld ausreichend untersucht, wieviel Arten müssen gefunden sein? Diese Frage interessiert selbstverständlich jeden, der bei der Kartierung mitmacht. Es spielen zu viele Faktoren dabei eine Rolle, als daß eine allgemein gültige Antwort möglich wäre. Auf ganze Kontinente bezogen gilt als Regel, daß der Artenbestand polwärts abnimmt; doch ist das ein Durchschnittswert. Die regionalen Schwankungen sind enorm. In Mitteleuropa reicht die Spannweite für Flächen in der Größe eines Grundfelds (ca. 130 km^2) von etwa 300 bis über 1000 Arten. Einen Einfluß haben geologische Formation, Relief, regionales Klima, ökologische Vielfalt und die Intensität der Kulturmaßnahmen in der Landschaft. Etwas erstaunt der Befund, daß in Großstadtrandlagen stets mehr Arten wachsen als in naturnahen Gebieten. Dies beruht wohl auf der Tatsache, daß das mosaikartige Nebeneinander von wenig, mäßig und stark gestörten Biotopen besonders vielfältige Bedingungen schafft, die einen großen Artenreichtum bewirken. So gesehen wäre der Einfluß des Menschen positiv, wenn nicht durch die progressive Zerstörung anderer Landschaftsteile die Vielfalt dort drastisch vermindert würde.

Florenreichtum

Artenzahl	Landschaftstyp
bis 400	eintönig mit geringer Höhenerstreckung (Heide- und Buntsandsteingebiete, Hochlagen)
bis 600	mäßig gegliederte Hügelländer, geringe Siedlungsaktivität
bis 800	reich gegliederte Hügelländer, große Höhenerstreckung, reiche Siedlungsaktivität
über 800	besonders vielfältige und begünstigte Gebiete, Großstadtrandlagen

Artenzahl bezogen auf ein Kartierungsgrundfeld (c. 130 km^2) in Mitteleuropa

Regeln für die Praxis

Wer kartiert, sollte einige Regeln beherzigen. Der Aufwand an Zeit und Mühe sollte in einer vernünftigen Relation zum Ergebnis stehen – und selbstverständlich sollten die gesammelten Daten korrekt sein.

1. Grundregel: Qualität vor Quantität oder Sicherheit vor Vollständigkeit

Das ist zweifellos der wichtigste Grundsatz. Die Methode des Kartierens, die Arten auf der Geländeliste einfach anzustreichen, und das Ziel, möglichst alle Arten eines Grundfeldes zu erfassen, verleiten unter Umständen zum voreiligen Anstreichen. Selbstkritische Reflexion ist stets angebracht, wenn man eine Pflanze nicht eindeutig ansprechen kann; und selbst dann, wenn man glaubt, sicher zu sein, ist ab und zu die Gegenkontrolle mit einem Bestimmungsbuch oder durch das Gespräch mit einem Kartiererkollegen nützlich. Auch der erfahrene Florist stellt manchmal bei sich mit Erschrecken fest, daß er ein falsches Bild von einer Art im Kopf hat. Lieber eine Art weniger, als eine falsche Art anstreichen. Wer in kritischen Fällen nicht auf die Angabe verzichten möchte, hat mehrere Möglichkeiten: Er kann

- einen Herbarbeleg sammeln,
- ein gutes Foto machen oder
- die Pflanze nochmals mit einem versierten Kenner aufsuchen.

Fehler, die im Gelände gemacht werden, bleiben später oft selbst vom erfahrenen Regionalstellenleiter unentdeckt, es sei denn, man streicht z. B. versehentlich eine Alpenpflanze im Flachland an.

2. Grundregel: Jahreszeitlichen Wechsel beachten

Soll der Artenbestand eines Grundfeldes vollständig erfaßt werden,

Acker-Gelbstern *(Gagea villosa),* ein Frühlings-Geophyt mit kurzer Wuchsperiode.

sind mindestens 3 Exkursionen in das Gebiet zu verschiedenen Jahreszeiten nötig. Viele Arten sind nur während einer kurzen Zeitspanne zu sehen oder sicher zu bestimmen.

Erfahrungsgemäß ist gerade die Frühlingsflora oft unterrepräsentiert. Manche Pflanzen, wie z. B. Gelbstern *(Gagea)* auf Äckern und in Rasen oder Lerchensporn *(Corydalis)* in Laubwäldern, blühen zeitig und ziehen schnell wieder ein. Für sie kann ein Besuch im Mai schon zu spät sein.

3. Grundregel: Standortsvielfalt beachten

Zur Vollständigkeit gehört auch, daß alle Standorte aufgesucht werden, da an ihnen verschiedene Pflanzengemeinschaften mit jeweils anderer Artenkombination wachsen. Wer mit dem Kartieren in einem Grundfeld beginnt, kann

schon vorher zu Hause planen: Die topographischen Karten sind so detailliert, daß ihnen bei einiger Übung im Kartenlesen zahlreiche Informationen zu interessanten Biotopen entnommen werden können, d. h. eine provisorische Exkursionsroute läßt sich vom grünen Tisch aus bestimmen.
Da es beim Kartieren ja nicht darauf ankommt, nur vermeintlich Interessantes zu notieren, sollten regelmäßig auch die weniger lohnenden Gebiete begangen werden. Dazu zählen etwa intensiv bewirtschaftete Ackerflächen, Nadelforste oder Siedlungen. Dort wachsen zwar weniger Arten, doch gerade solche, die anderswo fehlen. Immer lohnt sich ein Gang über den Friedhof: durch die besondere Art der Pflege werden Arten begünstigt, die in der freien Landschaft schwieriger zu entdecken sind, z. B. Behaartes Schaumkraut *(Cardamine hirsuta)* und Gehörnter Sauerklee *(Oxalis corniculata)*.

4. Grundregel: Status beachten (siehe S. 123), Grundfeldgrenzen beachten

Beim Kartieren im Randbereich eines Grundfeldes wird ein gelegentlicher Blick auf die Landkarte nötig sein, damit die Grenze nicht überschritten wird. Auch wenn es sich um eine willkürliche Trennlinie handelt, die kein Pendant in der Geländestruktur hat, muß sie beachtet werden. Beim Wechsel in ein benachbartes Grundfeld ist stets eine neue Geländeliste anzulegen.
Es ist viel darüber diskutiert worden, ob es in jedem Fall notwendig und auch sinnvoll ist, die Grundfeldgrenzen exakt einzuhalten. In Grenzfällen läßt sich darüber streiten, doch sind diese glücklicherweise in der Praxis sehr selten. Wie ist etwa zu verfahren, wenn das Vorkommen einer seltenen Art nur wenige Meter in das Nachbargebiet hineinreicht? Notiert man beide Grundfelder, erscheinen später auf der Arealkarte 2 Rasterpunkte, die eine größere Häufigkeit suggerieren, während es sich tatsächlich nur um einen ausgedehnten Bestand handelt. Im Hinblick auf das Kartenbild könnte man sich dazu entschließen, die kleine Ausstrahlung zu vernachlässigen, zumal auf einer genaueren Punktkarte nur

Drüsiges Springkraut *(Impatiens glandulifera)*. Die Art ist im Himalaya heimisch und heute in Mitteleuropa vielerorts eingebürgert.

1 Punkt erscheinen würde. Dieses Vorgehen muß allerdings die Ausnahme in begründeten Fällen bleiben und darf nicht nach Gutdünken zu weit ausgelegt werden. Sonst würde das Prinzip der Rasterkartierung nicht erhalten bleiben.

5. Grundregel: Einzelbeobachtungen sind wertvoll

Die Kartierung lebt nicht nur von möglichst kompletten Grundfeldlisten, sondern ebenso von Einzelbeobachtungen, welche sich nach und nach zu einem Datenberg summieren. Nichts ist so unwichtig, als daß es nicht aufgeschrieben werden könnte. Hat man wenig Zeit oder ist man in einem Gebiet, wo man sonst nicht tätig ist, sollte man Auffälliges notieren. Selbst vom Auto oder Zug aus ist das möglich, sofern man die Art sicher erkennt und der Wuchsort unzweifelhaft einem Grundfeld einzuordnen ist.

Weitere Datenerhebung

Bei der Feldarbeit wird ein immenses Beobachtungsmaterial zusammengetragen, das auf den Geländelisten an die Zentralstellen weitergegeben wird. Eine Schätzung für ganz Mitteleuropa ergibt über 3 Millionen Einzeldaten, bei 5500 Grundfeldern und einem angenommenen mittleren Artenbestand von 600.

Trotzdem wäre es falsch, sich nur auf diese Daten zu stützen und all das, was früher schon in anderem Zusammenhang gesammelt wurde, nicht zusätzlich auszuwerten. Weitere Quellen sind die **Herbarien,** die besonderen Wert haben, weil die Belege zugleich nachbestimmt werden können, ferner **Veröffentlichungen, Karteien, pflanzensoziologische Aufnahmen** und **private Aufzeichnungen.** Beide Methoden ergänzen sich sogar in hervorragender Weise: Die Kartierung im Gelände erfaßt zuerst die häufigen Arten, also diejenigen, über deren Verbreitung wir am wenigsten wissen, während die seltenen Arten (schon aus statistischen Gründen) erst später gefunden werden oder ganz unentdeckt bleiben, falls ein Grundfeld nicht bis in den letzten Winkel durchforscht wird. Gerade aber für die Seltenen gibt es in den genannten Quellen viele Hinweise, weil diese Arten schon seit jeher mehr von den Floristen beachtet werden.

Bei dieser Verfahrensweise werden die Daten für die Seltenen intensiv und die für die Häufigen extensiv erhoben, was bewirkt, daß die Kartierung unausgewogen wird; denn die Angaben auf den Geländelisten stammen aus den letzten Jahren, diejenigen der sonstigen Quellen sind dagegen überwiegend älteren Datums. Um den Charakter der

Floristische Kartierung

Arealkarten als Dokumente der gegenwärtigen Verbreitung nicht zu verwässern, entschied man sich, die Angaben differenziert zu behandeln. Man wählte drei Zeiträume, vor 1900, 1900–1944 und ab 1945, und stellt die zugehörigen Funde jeweils mit verschiedenen Zeichen in der Karte dar.

Für die ergänzende Datenerhebung neben der Geländearbeit werden zwei Datenträger benutzt:

- die Einzelbelegkarte
- das Auswertungsblatt

Die **Einzelbelegkarte** dient zur Dokumentation einer einzelnen Angabe für eine Art. Auf ihr können Einzelbeobachtungen in der Natur festgehalten werden, wenn das Ausfüllen einer Geländeliste nicht lohnt, ferner Nachträge und Berichtigungen zu früheren Meldungen. Alsdann eignet sie sich zur Erfassung geographisch ungeordneter Daten z. B. in Floren und Privatnotizen.

Einzelbelegkarten können auch für besondere Entdeckungen verwendet werden, falls der genaue Fundort und andere Fundumstände notiert werden sollen. Sie erfüllen dann die gleiche Funktion wie die Zettel einer Kartei für Einzelfunde (siehe S. 57). Schließlich werden mit ihnen Verluste gemeldet, um für später Zeitpunkt und Grund des Aussterbens einer Art an einem Fundort zu fixieren.

Die Einzelbelegkarten sind sogenannte Verbundkarten, d. h. Lochkarten, auf denen handschriftlich Informationen eingetragen werden können. Sie lassen sich dadurch sowohl maschinell sortieren als auch in handbedienten Karteien verwenden.

Während der Kartierer die Einzelbelegkarten bei der täglichen Praxis neben den Geländelisten hin und wieder benötigt, wird er mit den **Auswertungsblättern** kaum zu tun haben. Diese werden eingesetzt, wenn für eine Art zahlreiche Fundorte schon sortiert vorhanden sind. Auf solche Blätter werden z. B. die Belege größerer Herbarien übernommen oder die Angaben aus Karteien und Spezialveröffentlichungen mit Fundortslisten. Diese Arbeit wird gewöhnlich von den Regional- und Zentralstellen erledigt.

Verarbeitung der Daten

Wollte man mehrere Millionen Einzeldaten in herkömmlicher Weise in Handarbeit sortieren und in Arealkarten umsetzen, wäre das selbst bei großem Mitarbeiterstab ein Unterfangen von mehreren Jahren – und deshalb aus Geld- und Zeitgründen nicht zu verwirklichen.

Aber auch einfache Methoden der Datenverarbeitung, etwa die Verwendung von Maschinenlochkarten, wären noch zu langwierig und entsprechend kostspielig. Erst die

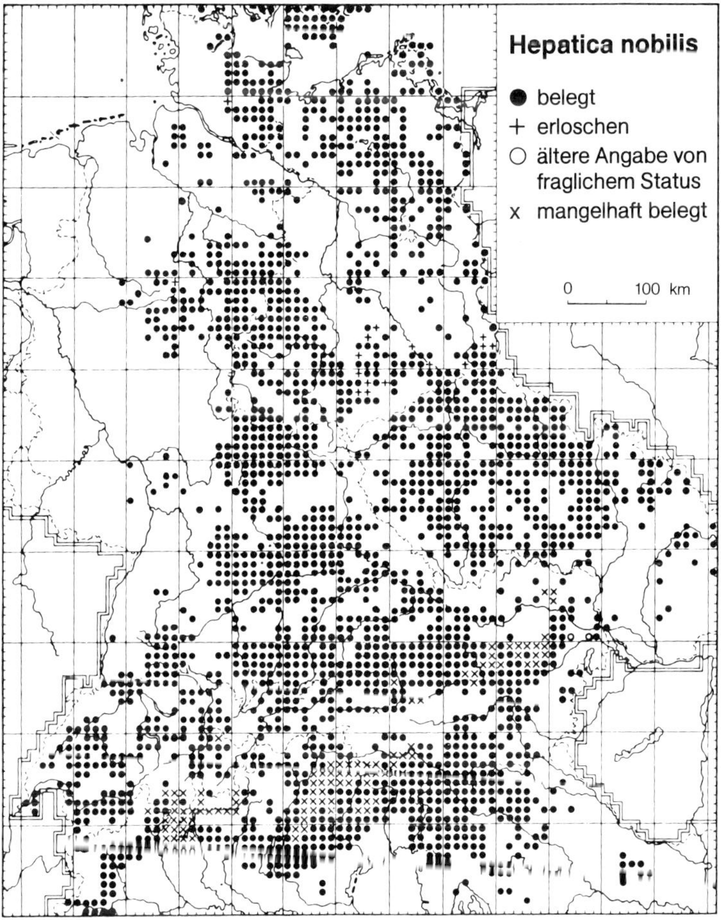

Die Verbreitung des Leberblümchens (*Hepatica nobilis,* siehe Abb. S. 112) in Mitteleuropa. Die Karte ist eine provisorische Rasterkarte der »Kartierung der Flora Mitteleuropas« mit dem Stand der Erhebung von 1978. Die Karte zeigt die Westgrenze der Art. Deutlich ist das geschlossene Verbreitungsgebiet zu erkennen, dem nach Westen vereinzelte Vorposten vorgelagert sind. Auch Fehlgebiete, etwa die Lüneburger Heide, heben sich gut ab. (Verändert nach: Taxon 20, 1971).

Entwicklung der optischen Beleglesung während der vergangenen Jahre hat einen genügend schnellen und preisgünstigen Weg eröffnet. Wir begegnen diesem optischen Verfahren heute bereits mehrfach im Alltagsleben, z. B. im Bankverkehr, wo die Scheckformulare, oder in Supermärkten, wo die Lebensmittel mit Strichmarkierungen versehen sind.
Die Kartierungsergebnisse, die auf Geländelisten, Einzelbelegkarten und Auswertungsblättern vorliegen, sind in dieser Form noch nicht für den Computer verfügbar. Sie müssen erst in einem weiteren Arbeitsgang für die optische Beleglesung aufbereitet werden, was in den Zentralstellen geschieht. Abschließend werden die Daten von einem sogenannten Klarschriftleser gelesen und auf Magnetbändern gespeichert. Für die Bundesrepublik geschieht dies am Rechenzentrum der Universität Ulm. Alles weitere wird dann automatisch von Maschinen durchgeführt. Die Daten können, je nach Programmierung, nach verschiedenen Gesichtspunkten sortiert werden:

- zum Druck von Arealkarten mit sogenannten Plottern
- zum Druck von Artenlisten für einzelne oder mehrere Grundfelder
- zum Druck von Verbreitungslisten für einzelne Arten nach Grundfeldnummern.

Regionale und lokale Kartierungen

Die Renaissance der floristischen Kartierung in Mitteleuropa hat den Anstoß für eine größere Zahl regionaler und lokaler Projekte gegeben. Nachdem die Arbeitsweise der Rasterkartierung und die Möglichkeiten der Datenverarbeitung grundsätzlich geklärt waren, wurde die Idee einer kleinräumigen Kartierung von verschiedenen floristischen Arbeitsgruppen in die Tat umgesetzt. Erste Verbreitungsatlanten sind inzwischen für Süd-Niedersachsen, Württemberg, die Umgebung von Duisburg, das Saarland und die Oberpfalz erschienen. Andere Projekte wie etwa die für Bayern insgesamt und Schleswig-Holstein stehen vor dem Abschluß.
Die regionalen und lokalen Projekte verwenden ausnahmslos ein feineres Raster als die Mitteleuropakartierung. Vor Beginn der praktischen Arbeit im Gelände galt es jeweils zu prüfen, wie dicht das Gitternetz zu sein hat, d. h. wie klein die Grundfelder sein müssen, damit die Arealkarten noch eine sinnvolle Interpretation zulassen; und abgesehen von dieser theoretischen Überlegung war die Anzahl der Mitarbeiter einzuplanen, damit die voraussichtliche Dauer der Kartierung in annehmbaren Grenzen blieb.
Für das Aussehen des Gitternetzes

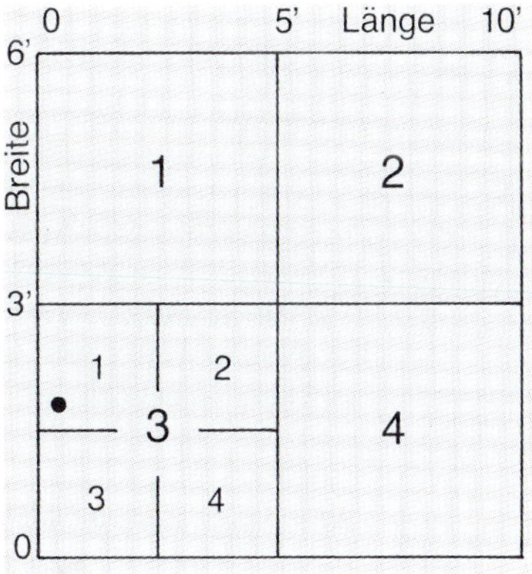

Unterteilung des Kartierungsgrundfeldes
Durch Viertelung entstehen die sogenannten Quadranten. Sie werden mit Ziffern bezeichnet, die durch einen Schrägstrich getrennt hinter die Kennummer des Kartierungsgrundfelds gesetzt werden. Der eingetragene Punkt liegt im Quadranten 3 (z. B. 5420/3). Die Quadranten können in gleicher Weise geviertelt werden; auch diese Kennzeichnung folgt dem gleichen Schema (z. B. 5420/31).

gibt es keine allgemeine Formel. Zwar gilt, daß die Arealkarte umso aussagekräftiger wird, je engmaschiger das Netz ist, je mehr sich also die Arealkarte einer Punktkarte nähert – was aber die kritische Maschenweite ist, bei der sich Verlust an Genauigkeit und Gewinn an Arbeitserleichterung die Waage halten, muß empirisch gefunden werden. Als Regel ist anzunehmen, daß ein Gebiet, das kartiert werden soll, in mindestens etwa 80–100 Rasterflächen unterteilt werden muß. Dann werden die Arealkarten detailliert genug und erlauben Rückschlüsse verschiedener Art, z. B. auf die Lokalverbreitung, auf ökologische und klimatische Beziehungen und auf den Naturschutz.

Regionale Vorhaben

Für regionale Vorhaben hat sich ein Gitterabstand von etwa 5 km als günstig erwiesen; man viertelt dazu die Rasterflächen der Mitteleuropakartierung und erhält als Grundfeld den sogenannten Quadranten mit der Seitenlänge von 5′ geographischer Länge und 3′ geographischer Breite. Man kann die Grenzen leicht durch Einzeichnen in die topographischen Karten festlegen. Benannt werden die Quadranten mit der Codenummer für die Rasterfläche der Mitteleuropakartierung (= Nummer der deutschen topographischen Karte 1 : 25000), an die durch einen Schrägstrich getrennt die Quadrantenziffer angefügt wird: 1 (NW), 2 (NO), 3 (SW), 4 (SO).

Meist wird auf Quadrantenbasis kartiert, z. B. in Bayern, im Saarland und in den Ostalpenländern (Österreich und Norditalien). In Hessen dient der Viertelquadrant als Grundfeld; er wird durch nochmalige Viertelung des Quadranten ermittelt und analog bezeichnet. In Schleswig-Holstein schließlich wird die mitteleuropäische Standardfläche in 36 Teilflächen zerlegt.

Floristische Kartierung

Die regionalen Projekte laufen parallel zur Kartierung in Mitteleuropa und können jederzeit in das Gesamtprojekt inkorporiert werden, weil die kleineren Grundfelder in die größeren passen. Dementsprechend sind auch keine getrennten Datenerhebungen notwendig, sofern die Grenzen der kleineren Grundfelder im Gelände berücksichtigt werden.

Lokale Vorhaben

Für sie ist der Quadrant als Grundfeld zu groß, sofern man nicht allein das Vorhandensein der Arten feststellen will. Aussagekräftige Rasterkarten für Gebiete in der Größenordnung des Stadtstaates Hamburg ergeben sich mit einem 1-km-Raster, das von der dortigen Floristengruppe erfolgversprechend als Basis gewählt wurde. Werden noch kleinere Gebiete untersucht, muß das Gitternetz entsprechend enger gezogen werden. Dann allerdings erhebt sich die Frage, ob eine Rasterkartierung noch sinnvoll ist und ob nicht an ihrer Stelle eine genaue Punktkartierung vorzuziehen ist.

Eigene Initiativen

Wer in einem kleinen Gebiet, z. B. in der Umgebung seines Wohnorts eine Kartierung der Flora beginnen will, sollte sich folgendes zuerst überlegen:

- Welches Gebiet kommt in Frage?
- Was ist die optimale Relation zwischen Gebietsfläche und Rasterfläche, d. h. welches Gitternetz ist zu wählen?
- Wieviele Interessierte gibt es, die mitmachen; wieviel Zeit für die Kartierung können sie aufwenden?
- Ist das Gitternetzsystem mit dem der Kartierung der Flora Mitteleuropas vereinbar?

Allgemein gilt hierbei immer, was in anderem Zusammenhang auf S. 122f. betont wurde: Genauer zu arbeiten, als das Raster es vorschreibt, ist von Vorteil. Geländelisten können z. B. genau so wie sonstige Pflanzenlisten behandelt und in einer Kartei aufbewahrt werden (siehe S. 61).

Der Nutzen solcher lokaler Kartierungen ist enorm. Es geht nicht nur darum, die Kenntnislücken bezüglich der Lokalverbreitung vieler Arten zu schließen. Die Ergebnisse können außerdem bei einer Reihe anderer Fragestellungen nutzbringend verwendet werden, wenn beispielsweise ökologische, bodenkundliche oder klimatologische Zusammenhänge untersucht werden. Für den Naturschutz sind kleinräumige Arealkarten unentbehrlich. Dem Hobbybotaniker steht hier ein Betätigungsfeld offen, auf dem die Fachkollegen wenig tätig sind. Ohne viel Aufwand können Wanderung und sinnvolle Naturbeobachtung miteinander verbunden werden.

Andere Rasterkartierungen

Wenn als Motivation für die floristische Kartierung der Gefäßpflanzen in Mitteleuropa angegeben wurde, daß die Verbreitung der Arten noch viel zu wenig bekannt ist, dann gilt das entsprechend für andere Pflanzengruppen ebenso wie für andere Gebiete. Im Bewußtsein dieses Mangels sind während der beiden letzten Jahrzehnte eine Reihe von Kartierungsprojekten begonnen worden. Alle arbeiten mit der Rastermethode und nutzen die Vorteile der elektronischen Datenverarbeitung, alle sind Unternehmen, bei denen Wissenschaftler und Hobby-

Das Verbreitungsgebiet (Areal) der Rotbuche *(Fagus sylvatica)*. Die Art ist auf Europa beschränkt. Die Rasterkarte entstand im Rahmen der »Kartierung der Flora von Europa«. (Aus: Atlas Florae Europae 3, 1976).

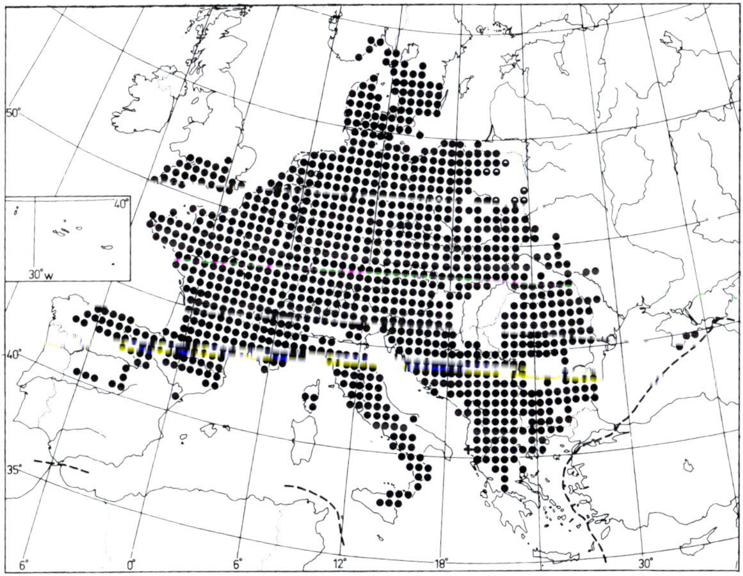

botaniker gemeinsam mitwirken. Das größte Projekt ist die Kartierung der Gefäßpflanzen-Flora von Europa mit dem Sekretariat in Finnland (Adresse siehe S. 176). Bisher sind 5 Serien mit Verbreitungskarten erschienen (siehe das Beispiel der Rotbuche auf S. 135), bis die letzte der über 11 000 Arten bearbeitet sein wird, werden sicher noch viele Jahrzehnte vergehen. Neben Gefäßpflanzen werden auch Pilze, Flechten und Moose im mitteleuropäischen bzw. europäischen Rahmen kartiert. Für die meisten Tiergruppen existieren übrigens ähnliche Kartierungsvorhaben.

Kartierung der Orchideen

Obwohl zu den Gefäßpflanzen gehörend, wurden die Orchideen aus den Kartierungsprojekten für diese Pflanzengruppe (Mitteleuropa und Europa) ausgegliedert. Sie werden parallel dazu intensiver und schneller bearbeitet. Möglich war das wegen der Vielzahl von Mitarbeitern, die eine gute Artenkenntnis speziell von den Orchideen besitzen, sich aber mit der Flora im allgemeinen nicht so gut auskennen. Die Orchideenkartierung kommt daher vergleichsweise schnell voran, dies auch wegen der relativ niedrigen Zahl der zu kartierenden Arten (etwa 200 in Europa).

Mitteleuropa

Die Arbeitsgruppen für Orchideen besitzen außer in Österreich, wo sie direkt in der Mitteleuropa-Kartierung mitwirken, ihre eigenen Zentren für die Datensammlung. In der Bundesrepublik sind die Arbeitskreise »Heimische Orchideen« federführend, in der Schweiz die dortige Orchideengesellschaft (Adressen siehe S. 181).
Erstes Ziel der Orchideen-Kartierung ist die Herstellung von Rasterkarten auf Quadrantenbasis (siehe S. 133). Für Baden-Württemberg, Bayern, Hessen und die Schweiz liegen schon Zwischenergebnisse vor. Anschließend sind detaillierte Karten mit feinerem Raster geplant, die auf regionale und lokale Bedürfnisse abgestimmt sind.
Die Datenerhebung im Gelände orientiert sich meist jedoch nicht an dem Gitternetz der späteren Karten, sondern wird so genau wie möglich durchgeführt. Jeder Fundort wird mit seinen geographischen Koordinaten erfaßt und auf einer Karteikarte dokumentiert.

Mittelmeergebiet

Seit 1977 gibt es ein eigenes Projekt zur Kartierung der mediterranen Orchideen (Adresse siehe S. 176). Ziel sind Arealkarten auf der Basis eines 50-km-Rasters, wie es auch bei der Kartierung der Flora von Europa benutzt wird.

Der Naturschutz ist für den Hobbybotaniker Verpflichtung und Aufgabe zugleich.
Wer sich mit den Pflanzen in der Natur beschäftigt, soll stets darauf achten, daß er die Gesetzesvorschriften einhält, auch dann, wenn das in einem konkreten Fall nicht unbedingt nötig erscheint. Warum z. B. sollte man in einem Schutzgebiet nicht auch den Weg verlassen oder ein Exemplar einer häufigen Art mitnehmen dürfen? Die Vorschriften sind sinnvoll und notwendig, und es ist einleuchtend, daß sie nicht unzählige Einzelfälle berücksichtigen können, sondern allgemein gefaßt sind.
Wichtig ist auch folgendes: Der Hobbybotaniker, von dem man Fachwissen und Einsicht erwartet, darf kein schlechtes Beispiel für andere geben, die von Naturzusammenhängen nichts verstehen. Mit Recht könnte jeder sonst machen, wozu er gerade Lust hat.
Die Kenntnis der Naturschutzgesetze und -verordnungen ist demnach ein wichtiger Bestandteil der Geländebotanik. Es geht nicht darum, Gesetzesübertretungen zu vermeiden, sondern darum, die Pflanzenwelt vor Schäden zu bewahren.
Besonders zu beachten sind die Vorschriften beim Pflanzensammeln (siehe S. 73), beim Fotografieren (siehe S. 64), bei Vegetationsaufnahmen (siehe S. 92) und bei der floristischen Kartierung (siehe S. 113).
Die Aufgabe für den Hobbybotaniker besteht darin, im Naturschutz mitzuarbeiten. Es gibt mehrere Möglichkeiten, wie man seine Pflanzenkenntnisse einbringen kann; darüber wird auf S. 143 gesprochen.
Noch ein Hinweis zum Schluß: Nehmen Sie auch Rücksicht auf die Tiere!

Biotop- und Artenschutz

Der Naturschutz verfährt strategisch zweigleisig, er schützt einerseits bestimmte Landschaftsteile, andererseits wildwachsende Pflanzen (und wildlebende Tiere, von denen hier nicht die Rede sein soll). Beide Aspekte sind eng verknüpft. Pflanzen existieren nicht als Einzelorganismen jede für sich allein. Sie sind, ganz im Gegenteil, in ihre Umwelt eingebettet, sind Teil des ökologischen Systems an ihrem Wuchsort. Für den Schutz bedeutet das: Eine Art kann losgelöst aus dem biologischen Zusammenhang nicht geschützt werden, sondern nur, indem der ganze Standort erhalten wird. Ihre Überlebenschance ist umso besser, je größer die geschützte Fläche ist. Der Gesetzgeber trägt dem Rechnung durch die

Ausweisung von Nationalparks, Naturschutzgebieten und -reservaten, Naturdenkmälern, ferner von Naturparks, Landschaftsschutzgebieten und geschützten Landschaftsbestandteilen.
Wenn der Schutz einzelner Arten daneben trotzdem große Bedeutung hat, sprechen dafür einige Gründe:

- Die Qualität eines Biotops wird bestimmt durch die vorhandenen Arten, die man daher kennen muß.

Wiesengräben mit artenreicher Flora, hier mit Wasserfeder *(Hottonia palustris)* bei Bischofsheim östl. Frankfurt a. M., gehören zu den heute seltenen schützenswerten Biotopen.

- Der Zustand eines Biotops und Veränderungen lassen sich durch einzelne Arten gut belegen.
- Arten lassen sich einfacher erforschen als Biotope.
- Arten haben wissenschaftliche Bedeutung als Dokumente der natürlichen Evolution und praktische Bedeutung als mögliche Nutz- und Heilpflanzen.

Die Bemühungen im Artenschutz laufen parallel zur Inventarisierung der Flora durch die floristische Kartierung und zur Erstellung der Roten Listen.

Gesetzliche Bestimmungen

Entsprechend der föderativen Struktur ist in der Bundesrepublik, der Schweiz und Österreich der Naturschutz geregelt. Die Staaten erlassen Rahmenrichtlinien, welche die Bundesländer bzw. Kantone ausfüllen und erweitern. Die Rechtslage ist kompliziert und oft nur vom Juristen durchschaubar, weil der Naturschutz von zahlreichen Gesetzen und Verordnungen anderer Rechtsbereiche tangiert wird – was nur zu oft, wenn Interessen kollidieren, mit der Niederlage des Naturschutzes endet.

Probleme
Probleme des Naturschutzes sind zum Teil in den Regelungen selbst

begründet. Manche Schwachstellen, die bei der Formulierung der Texte vielleicht nicht einmal vorherzusehen waren, führen zu Verlusten an Pflanzen und Tieren. Welchen Wert hat z. B. ein Landschaftsschutzgebiet in einer Aue, wenn der Bauer nicht gehindert werden kann, die Feuchtwiesen aus kurzsichtigen Überlegungen in Ackerland umzuwandeln? Andere Mängel hängen mit der Schwierigkeit zusammen, wissenschaftliche Befunde in Rechtsnormen umzusetzen. Der Gesetzesapparat ist schwerfällig und kuriert daher meist statt vorzubeugen. Zudem können Gesetze nicht besser sein, als der Stand der Wissenschaft es zuläßt.

Artenschutzvorschriften

Für den, der sich draußen mit Pflanzen beschäftigt, sind vornehmlich die Vorschriften des Artenschutzes wichtig. Auf sie soll daher etwas näher eingegangen werden.

Als seit Beginn des Jahrhunderts in Mitteleuropa Artenschutzverordnungen erlassen wurden (in Deutschland 1936), wurden besonders auffällige Arten geschützt; attraktive Arten, die häufig gepflückt und ausgegraben werden, sowie Arten, die zu gewerblichen Zwecken gesammelt werden. Man unterschied 2 Kategorien, die heute noch in der Schweiz und Österreich gelten:

1. Vollkommen geschützte Arten dürfen weder beschädigt noch vom Standort entfernt werden.

2. Teilweise geschützte Arten dürfen in begrenzten Mengen gepflückt werden, einzelne Exemplare oder Zweige in je nach Kanton oder Bundesland verschiedener Anzahl.

Zuweilen wird auch das Sammeln von bestimmten Arten für Gewerbe und Handel in eigenen Paragraphen geregelt (Sammelverbot).

Artenschutz in der Bundesrepublik

Um die Vorschriften zu vereinfachen, um sich internationalem Recht anzupassen und um die Nachteile von mehreren Schutzkategorien nicht fortzuschreiben, wurde die Differenzierung fallengelassen: die Bundesartenschutzverordnung von 1980 kennt nur noch vollkommen geschützte Arten. Gleichzeitig wurde die Artenliste gegenüber dem Stand von 1936 stark erweitert. Zu den attraktiven Arten kamen zahlreiche weniger auffällige, aber seltene hinzu, meist Zeigerarten gefährdeter Pflanzengesellschaften. In der Praxis hat dies den Vorteil, daß in Zukunft bei der Begründung für neue Schutzgebiete verstärkt auf das Vorkommen geschützter Arten verwiesen werden kann. Zwar sind längst nicht alle Arten der Roten Listen,

die tatsächlich gefährdet sind, erfaßt, doch hat der Gesetzgeber wenigstens einen Kompromiß versucht.
Eine wichtige Neuerung der Bundesartenschutzverordnung ist ihre Ausweitung über den nationalen Rahmen hinaus. Außer einheimischen sind zusätzlich alle europäischen Arten folgender Pflanzengruppen geschützt: Alpenveilchen *(Cyclamen)*, Schachblume *(Fritillaria)*, Enziangewächse *(Gentianaceae)*, Lilie *(Lilium)*, Narzisse *(Narcissus)*, Orchideengewächse *(Orchidaceae)* und Küchenschelle *(Pulsatilla)*. Damit ist die Einfuhr der genannten Pflanzen verboten, außer wenn Ausnahmegenehmigungen erteilt wurden, und im Gesetzesvollzug entfällt die Überprüfung der Art und der Herkunft, was oft nur dem Spezialisten, nicht jedoch dem Zöllner möglich wäre. Ebenfalls den einheimischen gleichgestellt sind die im Washingtoner Artenschutz-Übereinkommen erfaßten Arten (siehe unten). Damit sind insgesamt etwa 50000 einheimische und fremde Pflanzen- und Tierarten durch die Verordnung geschützt.
So notwendig und sinnvoll die neuen Regelungen sind, darf doch nicht vergessen werden, daß die größte Gefahr für viele Arten immer noch von den gewerblichen Benutzern der Landschaft ausgeht. Solange Industrie sowie Land-, Forst- und Wasserwirtschaft mit unverminderter Intensität in den Naturhaushalt eingreifen, wird ein noch so gut gemeinter Artenschutz wenig nützen.

Washingtoner Artenschutz-Übereinkommen
Das Übereinkommen regelt den internationalen Handel mit gefährdeten Arten freilebender Pflanzen und Tiere. Es wurde 1973 beschlossen, bis Ende 1982 sind ihm knapp

Alle europäischen Alpenveilchen-Arten sind in der Bundesrepublik geschützt. Im Bild *Cyclamen repandum* aus Südeuropa.

80 Staaten beigetreten, die Bundesrepublik 1976, die Schweiz 1975 und Österreich 1982. Ziel ist, bestimmte Arten vor Ausbeutung durch den Handel und damit vor der Ausrottung zu bewahren.

Die Arten sind in 2 Kategorien eingeteilt:

1. Unmittelbar von der Ausrottung bedrohte Arten

Der Handel mit ihnen ist nur in Ausnahmefällen zugelassen, dann ist für sie eine Ausfuhrgenehmigung des Herkunftslandes und eine Einfuhrgenehmigung des Bestimmungslandes erforderlich.

2. Gefährdete Arten

Für sie wird nur eine Ausfuhrgenehmigung benötigt, wodurch das Land, in dem die Art heimisch ist, eine vorbeugende Kontrolle ausübt, um eventuell drohende Gefahren rechtzeitig abwenden zu können.

Wer Exemplare einführen will, die in der Kultur vermehrt wurden, benötigt für sie eine Ausfuhrgenehmigung des Erzeugerlandes. Die Papiere müssen klar erkennen lassen, daß die Pflanzen nicht wild gesammelt wurden.

In der Artenliste überwiegen bei den Pflanzen solche tropischer und subtropischer Gebiete, unter Schutz stehen z. B. viele tropische Bäume, die Baumfarne, Palmfarne (Cycadeen), die Kakteen und andere Sukkulenten, Aloen und die Orchideen. Aus Europa finden sich in der ersten Kategorie nur 2 Endemiten des zentralen Mittelmeergebiets, die Sardische Stachelbeere *(Ribes sardoum)* und der Ätna-Zürgelbaum *(Celtis aetnensis)*; aus der zweiten Gruppe sind die Alpenveilchen und die Orchideen in Europa vertreten.

In der Bundesrepublik genießen die Arten einen verstärkten Schutz, da sie in die nationale Gesetzgebung integriert sind. Dies bedeutet: Erwerb und Besitz ohne die erforderlichen Dokumente sind illegal, Exemplare werden in diesem Fall beschlagnahmt. Es drohen außerdem zivilrechtliche Konsequenzen, d. h. Kaufverträge sind nichtig und Eigentumsanspruch kann nicht geltend gemacht werden.

Biotopschutz-Praxis

Das Aussehen der uns umgebenden Landschaft in Mitteleuropa ist vom Menschen geprägt. Er rodete einen Teil der Wälder, die früher fast das gesamte Land bedeckten, und legte Wiesen und Äcker an, er nahm das Land in Kultur. Nur wenige, schwer zugängliche Gebiete blieben seinem Einfluß entzogen, etwa Hochgebirgslagen oder Moore und Felshänge in den Ebenen und Mittelgebirgen. Nur sie können bei strenger Auslegung des Wortes als natürlich im Sinn von unbeeinflußt bezeichnet werden. Wir leben in einer Kulturlandschaft mit einer Vegetation, die je nach Standort mehr oder weniger vom Menschen geformt ist.

Dieser Zusammenhang ist wichtig, um die Bedeutung von Naturschutzgebieten richtig beurteilen zu können. Wenn wir bestimmte Pflanzengemeinschaften schützen, um sie zu erhalten, muß der historische Zusammenhang bedacht werden: Ihre heutige Struktur ist das Resultat jahrhunderte- oder gar jahrtausendelanger menschlicher Tätigkeit – sie sind Dokumente der Naturgeschichte und der Kulturgeschichte in einem. Wir können nur beide Aspekte zusammen schützen.
Die einheimischen Pflanzenarten (siehe S. 124) sind nach der Eiszeit auf natürlichem Weg in Mitteleuropa eingewandert. Sie waren vorhanden, während der Mensch die Umwelt nach und nach entsprechend seinen Bedürfnissen umgestaltete, sie paßten sich den Änderungen an und besiedelten die neuen Standorte dort, wo sie geeignete Lebensbedingungen vorfanden.

Wozu Lebensraumschutz?
Weshalb müssen durch menschliche Tätigkeit beeinflußte Biotope vor dem Menschen geschützt werden? Im Laufe der Jahrhunderte hatte sich zwischen Bewirtschaftung und natürlicher Regeneration ein Gleichgewicht ausgebildet. In einem vielfältigen Spektrum von Standorten konnten viele Arten dauerhaft gedeihen. Das begann sich im vorigen Jahrhundert mit der Industrialisierung langsam zu ändern, um dann nach dem 2. Weltkrieg in einen galoppierenden Umbruch einzumünden. Biotope wurden so schnell verändert oder vernichtet, daß empfindliche natürliche Kreisläufe zusammenbrachen und Arten verschwanden. Zudem setzte die Uniformierung der Landschaft ein, sie wurde zusehends eintönig und langweilig. Die biologische Vielfalt geriet in Gefahr und es gab nur eine Möglichkeit, wollte man die Verluste eingrenzen: man mußte bestimmte Flächen dem intensiven Einfluß entziehen. Der Mensch, der früher Garant der Vielfalt war, begann, sie zu zerstören.

Pflegepläne
Schutzgebiete bedürfen der kontinuierlichen Pflege. Fehlt sie, verändert sich ihre Substanz; was man erhalten will, geht nach und nach verloren. In den letzten Jahren ist man sich dessen bewußt geworden, und um negativen Entwicklungen vorzubeugen, wie sie auf einigen Flächen bereits eingetreten sind, werden heute Pflegepläne ausgearbeitet. Sie liegen hauptsächlich im Aufgabenbereich der staatlichen Naturschutzstellen, da die Schutzgebiete entsprechend ihrer gesellschaftlichen Bedeutung bei der Ausweisung meist in den

Die Kasinger Heide, eine Wacholderheide im Fränkischen Jura bei Kasing unweit Ingolstadt. Der Vegetationstyp verdankt seine Entstehung der regelmäßigen Schafhutung.

Besitz der öffentlichen Hand überführt werden.
Welche Art der Pflege jeweils dem Schutzzweck entspricht, hängt vom Gebiet ab. Im allgemeinen kann man davon ausgehen, daß diejenige Pflege geeignet ist, die der früheren extensiven Nutzung z. B. durch den Bauern, den Förster oder den Fischer nahe kommt. Denn der Zustand, der das Gebiet schützenswert macht, ist das Ergebnis der Nutzungsgeschichte. So müssen etwa durch Beweidung entstandene Vegetationstypen wie die atlantischen Heiden Norddeutschlands (z. B. die Lüneburger Heide) oder die Wacholderheiden der Kalkhügelländer (z. B. des Schwäbischen und Fränkischen Jura) weiterhin beweidet werden. Oder durch Mahd entstandenes Grünland wie Halbtrockenrasen oder Riedwiesen müssen weiterhin gemäht werden.

Pflegepläne werden für Zeiträume von ungefähr 10 Jahren geplant. Da praktische Erfahrungen fehlen und oft auch das theoretische Wissen nicht ausreicht, und da lokal spezielle Bedingungen gelten, kann nur ungefähr vorhergesehen werden, wie sich die Pflegemaßnahmen auswirken. Was im einzelnen geschieht, wie sich z. B. die Bestände seltener Arten entwickeln, ist durch kontinuierliche Überwachung zu klären. Im Idealfall wird die Pflege durch eine fachliche Betreuung ergänzt.

Mitarbeit im Naturschutz

Damit ist ein Punkt angesprochen, wo der einzelne Zeit und Kenntnisse sinnvoll einsetzen kann. Der Personenkreis der beruflichen Naturschützer, die in Ämtern die Verordnungen ausführen und in Forschungsinstituten die wissenschaftlichen Grundlagen erarbeiten, ist zu klein, um alle Naturschutzgebiete zu betreuen. Weitere Mitarbeiter sind willkommen.

Wo mitarbeiten? Wer sich in seiner Freizeit mit der Flora beschäftigt, der sollte sein besonderes Augenmerk auf Schutzgebiete richten. Es ist lohnend, sich auf ein bestimmtes zu beschränken, das vielleicht gut erreichbar ist, und dieses regelmäßig zu besuchen. Man lernt so das Gebiet gut kennen, man kann ins Detail gehende Informationen sammeln und damit einen nützlichen Beitrag leisten zu seiner Kenntnis und Erhaltung.

Wie mitarbeiten? Eigene Aktivitäten müssen immer mit der zuständigen Behörde abgestimmt werden. Welche das ist, kann bei der Regierung des Bundeslandes oder Kantons erfragt werden. Zum einen benötigt man eine Erlaubnis, ohne die das Betreten abseits öffentlicher Wege nicht gestattet ist. Zum anderen sollte man sich vorher informieren, welches die speziellen Probleme sind und welche Ergebnisse schon vorliegen: Wo sind Wissenslücken, die es zu füllen gilt? – Welche Pflegemaßnahmen sind beabsichtigt? – Welchen Gefährdungen ist das Gebiet ausgesetzt? – Wer außerdem arbeitet im Gebiet, z.B. über Tiere, Geologie usw.? – Welche Schriften über das Gebiet sind bereits vorhanden?

Warum mitarbeiten? Die Mitarbeit im Naturschutz braucht nicht auf bestehende Schutzgebiete beschränkt zu sein, sondern kann schon bei der Planung beginnen. Längst ist nicht alles Schützenswerte bekannt. Wer Flächen mit vielfältigen Pflanzengemeinschaften und seltene Arten entdeckt, sollte sie melden und am besten gleich seine Beobachtungen beifügen, wie Pflanzenlisten oder Vegetationsaufnahmen sowie Hinweise auf den Zustand und die Gefährdung. Selbst wenn die Ausweisung als Schutzgebiet unmöglich ist, war die Initiative nicht umsonst. Die Fläche kann in das Verzeichnis der wertvollen Biotope aufgenommen und bei Planungen berücksichtigt werden. Solche Verzeichnisse existieren inzwischen in einigen Ländern. Der Erfassung der wertvollen Biotope dienen eigene Projekte, die Biotop-Kartierungen. Ihr Sinn und Zweck ist, den Behörden Entscheidungshilfen zu geben bei Landesplanungen, bei Flurbereinigungen, beim Straßenbau oder anderen Bauvorhaben – doch sind sie manchmal mehr Alibi, wenn Biotope erst registriert, dann aber rücksichtslos vernichtet werden.

Naturschutz darf nicht als defensive Aufgabe begriffen werden, die hinter anderen gesellschaftlichen Zielen zurückzustehen hat, weder in der Verwaltungspraxis noch im Leben eines jeden von uns. Besonders auch die Hobbybotaniker sind gefordert, ihre Kenntnisse einzusetzen und weiterzugeben. Verstöße sollte man nicht schweigend hinnehmen. Sind Einzelne verantwortlich, kann ein Gespräch abhelfen mit dem Ziel aufzuklären, ohne daß man dabei als Ordnungshüter oder Schulmeister auftritt. Sind es Behörden, ist der beste Weg, die Öffentlichkeit zu informieren.

Artenschutz-Praxis

Nicht immer gelingt es, Arten in ihrer natürlichen Umgebung zu

Bunte Wildkrautflora auf einem ungespritzten Randstreifen im Getreidefeld bei Illmitz am Neusiedler See u. a. mit Klatsch-Mohn *(Papaver rhoeas)*, Rittersporn *(Consolida regalis)* und Hundskamille *(Anthemis arvensis)*.

schützen und durch Biotopschutz zu erhalten. Das ist der Fall, wenn alle Wuchsorte vernichtet werden oder wenn die Biotope durch Umgestaltungen in ihrer Umgebung so verändert werden, daß die Überlebenschance der Art sinkt und sie langsam ausstirbt. Dann ist sie nur durch gezielte Maßnahmen zu retten, doch sind die Möglichkeiten dazu beschränkt.

Möglichkeiten für den Artenschutz

Botanische Gärten Die wichtigste Rolle bei der Erhaltungskultur solcher akut vom Aussterben bedrohter Arten kommt den botanischen Gärten zu. Die Methode steckt aber noch in den Kinderschuhen, viele Fragen etwa der Kulturverfahren und der internationalen Zusammenarbeit sind erst andiskutiert. Auch sind die meisten Gärten nicht darauf eingerichtet, weder personell noch technisch. Immerhin lassen die derzeitigen Anstrengungen hoffen, daß wenigstens für einen Teil der betroffenen Arten rechtzeitig eine Lösung gefunden wird.

Freilandreservate Eine zweite Möglichkeit ist die Erhaltung in Freilandreservaten. Sie hat gegenüber der Gartenkultur Nachteile und wird daher seltener in Frage kommen: die speziellen Wuchsbedingungen lassen sich weniger gut gestalten; die Entwicklung der Population läßt sich weniger gut kontrollieren; die

Konkurrenz anderer einheimischer Pflanzen ist schlecht vorher einzuschätzen, sie kann unliebsame Folgen haben.

Gen-Banken Ein weiteres Verfahren ist die Erhaltung in Gen-Banken. Vorgetrocknete Samen mit etwa 5% Wassergehalt werden in Kühlkammern bei Temperaturen unter dem Gefrierpunkt (z. B. bei – 10 °C) bei konstanten Klimabedingungen aufbewahrt. Die Keimfähigkeit bleibt so über Jahre oder Jahrzehnte erhalten und Pflanzen können jederzeit, wenn sie benötigt werden, angezogen werden. Die Keimfähigkeit wird in regelmäßigen Abständen überprüft, und läßt sie nach, wird neues Saatgut zur Einlagerung geerntet. Ein Nachteil ist, daß manche Samen, vor allem diejenigen tropischer Arten, die Behandlung nicht überstehen und ihre Keimfähigkeit verlieren.

Das Verfahren wird bisher überwiegend bei Kulturpflanzen und deren Wildformen benutzt, in der Bundesrepublik an der Bundesforschungsanstalt für Landwirtschaft in Braunschweig-Völkenrode. Inzwischen haben auch einige botanische Gärten begonnen, Samen von Wild pflanzen in Gen-Banken zu lagern. Eines ist bei allen Erhaltungskulturen zu beachten: Arten sind nicht konstant, sondern entwickeln sich; das Erbgut einer Pflanzengruppe verändert sich in Abhängigkeit von den Umwelteinflüssen. Wird eine Art aus ihrer natürlichen Umgebung entfernt und im botanischen Garten kultiviert, kann das schon nach wenigen Generationen zur Wandlung ihres Erbgutes führen – die Pflanzen sind dann nicht mehr das, was man erhalten wollte.

Ausbringen von Wildarten

Während in den letzten Jahren zunehmend Arten verschwanden und vormals häufige selten wurden, nahm die Diskussion zu, ob und wie man dagegen gezielt vorgehen soll: Dürfen heimische Pflanzen von gefährdeten nach nicht gefährdeten Wuchsorten verpflanzt werden? Dürfen seltene Arten willkürlich an neuen Stellen ausgebracht werden, um die Vorkommen zu vermehren und die Erhaltung sicherzustellen?

Die Diskussion zu diesem Thema verlief sehr widersprüchlich. Die Befürworter wollten den Artenrückgang nicht länger tatenlos hinnehmen, die Gegner verwiesen neben anderen Bedenken auf die Florenverfälschung, die jedes künstliche Ausbringen an Wuchsorte darstellt, welche die Art natürlich nicht erreicht hätte. Heute sieht man die Problematik differenziert, und wenn auch die letzte Einigung noch aussteht, können doch Richtlinien genannt werden, die allseits Zustimmung finden.

Küchenschelle *(Pulsatilla vulgaris)*. Die variable Art umfaßt zahlreiche Lokalrassen.

Das Ausbringen wird als eine Möglichkeit des Artenschutzes betrachtet, sollte aber nur in begründeten Fällen durchgeführt werden und darf den Biotopschutz, der aus theoretischen Erwägungen besser ist, nicht ersetzen. Wird eine Verpflanzung oder künstliche Ansiedlung beabsichtigt, müssen 5 Kriterien beachtet werden:

1. Die Art darf nur innerhalb ihres Areals ausgebracht werden.
2. Die Samen oder Pflanzen sollen von einem Wuchsort stammen, der dem neuen möglichst nahe liegt. »Nahe« ist eng zu fassen, z. B. innerhalb desselben Naturraums.
3. Die Standortsbedingungen beider Wuchsorte müssen übereinstimmen. Nur dann ist überhaupt zu erwarten, daß die Aktion Erfolg hat.
4. Das Ausbringen muß dokumentiert und wissenschaftlich überwacht werden. Damit wird ausgeschlossen, daß später überraschende »Neufunde« gemeldet werden, die Rätsel aufgeben.
5. Die Pflege des neuen Wuchsorts muß gesichert sein (siehe S. 142f.).

Nur wenn die Kriterien gemeinsam erfüllt sind, ist das Ausbringen zu befürworten.

Aus dem Gesagten geht zugleich hervor, wann das Ausbringen abzulehnen ist. Insbesonders gilt das für private Aktionen, die ohne jede Dokumentation erfolgen, für sog. **Ansalbungen.** Nur zu oft müssen sich Arealkundler mit Vorkommen befassen, deren Status zweifelhaft, aber nicht aufzuklären ist.

Die beiden ersten Kriterien zielen darauf hin, Florenverfälschungen auszuschließen, und zwar dies in doppeltem Sinn: geographisch und genetisch. Denn die Populationen einer Art sind in verschiedenen Gegenden nicht identisch, sie unterscheiden sich im Erbgut und manchmal auch im Aussehen. Keinesfalls darf z. B. in Niedersachsen die dort bedrohte Küchenschelle *(Pulsatilla vulgaris)* durch Pflanzen aus Hessen ergänzt werden, da es sich jeweils um andere Lokalrassen handelt.

Geschützte Pflanzen

D	**Bundesrepublik Deutschland**	SO	Solothurn
		SZ	Schwyz
CH	**Schweiz**[1]	TG	Thurgau
AG	Aargau	TI	Tessin
AI	Appenzell Innerrhoden	UR	Uri
AR	Appenzell Ausserrhoden	VD	Waadt
BE	Bern	VD°	Waadt (nur im Jura)
BE°	Bern (nur außerhalb der Alpen)	ZG	Zug
BL	Basel-Land	ZH	Zürich
BS	Basel-Stadt		
FR	Freiburg		**Österreich**[1]
GE	Genf	B	Burgenland
GL	Glarus	K	Kärnten
GR	Graubünden	N	Niederösterreich
JU	Jura	O	Oberösterreich
LU	Luzern	S	Salzburg
NE	Neuenburg	St	Steiermark
NW	Nidwalden	T	Tirol
OW	Obwalden	V	Vorarlberg
SG	St. Gallen	W	Wien
SH	Schaffhausen		

[1] Für die Schweiz und Österreich sind nur die vollkommen geschützten Arten aufgenommen.

Alle Polsterpflanzen NW, alle alpinen Polster- und Rosettenpflanzen K, T, alle polsterbildenden Alpenpflanzen GL.

Moose (Bryophyta)
Sphagnum: SH.

Farne (Filicopsida)
Adiantum capillus-veneris: CH • *Asplenium:* NW, *A. fontanum:* BL • *Botrychium:* D, *B. lunaria:* CH • *Ceterach officinarum:* NE • *Cryptogramma crispa:* D • *Isoetes echinospora:* D, *I. lacustris:* D • *Matteucia struthiopteris:* D, CH, St • *Ophioglossum vulgatum:* GE, NW • *Osmunda regalis:* D, TI, St • *Phylittis scolopendrium:* D, CH, K, N, O, S, St, W • *Polystichum:* D, *P. aculeatum (lobatum):* SH, *P. braunii:* CH, *P. lonchitis:* BL, *P. setiferum:* CH • *Pteris cretica:* TI • *Salvinia natans:* D • *Thelypteris palustris (Dryopteris th.):* NW • *Woodsia:* D.

Bärlappe (Lycopsida)
Alle Arten: D, TG.

Nacktsamige (Gymnospermae)
Ephedra helvetica: CH • *Juniperus sabina:* SO, K • *Pinus cembra:* V • *Taxus baccata:* BL, SH (Fällverbot), T.

Sibirische Schwertlilie *(Iris sibirica)*.

Geschützte Pflanzen

Zweikeimblättrige (Dicotyledonae)

Apiaceae (Umbelliferae)
Apium: D • *Astrantia major:* AI, SH • *Eryngium alpinum:* CH, K, St, V, *E. campestre:* BL, *E. maritimum:* D • *Laser trilobum:* D.

Aquifoliaceae
Ilex aquifolium: BL, NW, OW, SH, SO (Fällverbot für Bäume), TG, TI, S, T.

Aristolochiaceae
Aristolochia clematitis: SH.

Asteraceae (Compositae)
Achillea clavenae: D, TI • *Antennaria dioica:* D, BL, SH • *Arnica montana:* D, AI, NE, ZH • *Artemisia campestris* subsp. *alpina* und subsp. *borealis*: K, *A.genipi:* CH, K, S, St, T, *A. glacialis:* CH, *A. mutellina:* D, CH, K, S, St, T, V, *A. nivalis:* CH • *Aster:* TG, *A. alpinus:* D, AI, GL, NE, NW, OW, SO, O, S, *A. amellus:* GE, *A. linosyris:* SH • *Carlina:* TG, *C. acaulis:* D, AG, SH, *C. vulgaris:* SH • *Centaurea montana:* AI, OW • *Cirsium tuberosum:* GE • *Doronicum cataractarum:* K, *D. pardalianches:* SH • *Gnaphalium supinum:* NW • *Helichrysum arenarium:* D • *Hieracium aurantiacum:* NW, OW • *Inula hirta:* SH, *I. salicina:* BL • *Jurinea cyanoides:* D • *Lactuca perennis:* NE • *Leontopodium alpinum:* D, AR, AI, BE, FR, SG, TI, K, N, O, S, St, T, V, W • *Rhaponticum scariosum (Centaurea rhapontica):* GL • *Saussurea:* GL • *Scorzonera austriaca:* BE, *S. humilis:* GE, *S. purpurea:* D • *Senecio capitatus:* FR • *Tanacetum (Chrysanthemum) corymbosum:* BL.

Arnika *(Arnica montana).*

Betulaceae
Betula humilis: D, K, *B. nana:* D, K, S.

Boraginaceae
Buglossoides (Lithospermum) purpurocaerulea: AG, BE, BL, JU, NE, SH • *Eritrichum nanum:* CH • *Myosotis rehsteineri:* SH.

Brassicaceae (Cruciferae)
Alyssum montanum (mit subsp. *gmelinii):* D, BL, SO • *Biscutella laevigata:* D • *Braya alpina:* K • *Cochlearia pyrenaica (officinalis):* D, BE • *Crambe maritima:* D • *Draba aizoides:* BL • *Iberis saxatilis:* SO • *Lunaria rediviva:* BL • *Petrocallis pyrenaica:* D, NW, OW.

Campanulaceae
Adenophora liliiflora: TI • *Campanu-*

la cenisia: TI, *C. latifolia:* GL, *C. persicifolia:* BL, *C. thyrsoides:* D, AI, NW, OW, TI, *C. zoysii:* K • *Physoplexis comosa:* K • *Phyteuma orbiculare:* BL • *Wahlenbergia hederacea:* D.

Caprifoliaceae

Linnaea borealis: D, S.

Caryophyllaceae

Cerastium carinthiacum subsp. *austroalpinum:* TI • *Dianthus:* AG, GE, NW, OW, SH, TG, ZH, *D. carthusianorum:* BL, *D. glacialis:* CH, *D. gratianopolitanus:* D, CH, St, *D. monspessulanus (hyssopifolius):* TI, *D. m.* subsp. *waldsteinii:* K, *D. superbus:* D, BL, *D. sylvestris:* BE°, GL, JU • *Lychnis coronaria:* CH, *L. flos-jovis:* TI, VS • *Saponaria lutea:* TI • *Silene acaulis* (mit *S. exscapa):* AI, OW, K, *S. dioica (Melandrium diurnum):* OW, *S. saxifraga:* TI.

Karthäuser-Nelke *(Dianthus carthusianorum).*

Cistaceae

Helianthemum apenninum: D, TI, *H. canum:* D.

Corylaceae

Corylus (Kätzchen): SO, UR • *Ostrya carpinifolia:* T.

Crassulaceae

Sempervivum (mit *Jovibarba*): D, NW, OW, K, *S. grandiflorum:* CH, *S. tectorum:* BE°, JU, *S. wulfenii:* CH.

Dipsacaceae

Scabiosa graminifolia: TI.

Droseraceae: D, B, K.

Drosera: AG, BE, JU, NE, OW, SH, TG, ZH.

Empetraceae

Empetrum nigrum: NE.

Ericaceae

Andromeda polifolia: NW, OW, K • *Arctostaphylos uva-ursi:* D • *Erica carnea:* ZH, *E. vagans:* GE • *Ledum palustre:* D • *Rhododendron:* D, ZH, *Rh. ferrugineum:* AG, BE°, GR, VD°, *Rh. hirsutum:* BE°, TI • *Rhodothamnus chamaecistus:* D, K, S, T • *Vaccinium oxycoccus* s.l.: K.

Euphorbiaceae

Euphorbia lucida: D, *E. palustris:* D.

Fabaceae (Leguminosae)

Anthyllis montana: NE, VD • *Astragalus monspessulanus:* TI • *Colutea arborescens:* TI • *Coronilla coronata:* BL • *Cytisus decumbens:* NE, *C. (Sarothamnus) scoparius:* NW • *Genista radiata:* K • *Lathyrus ensifolius:* NE, *L. maritimus:* D • *Oxytropis pilosa:* D • *Tetragonolobus siliquosus:* GE.

Geschützte Pflanzen

Teichrose *(Nuphar lutea).*

Gentianaceae (mit Menyanthaceae) D (alle europ. Arten), GE, SH.

Centaurium erythraea (umbellatum): BL, NW, OW • *Gentiana:* AG, TG, ZH (ohne *G. asclepiadea*), *G. acaulis (kochiana):* BE°, K, S, St, *G. asclepiadea:* BL, *G. clusii:* BE°, BL, JU, SO, K, S, St, *G. cruciata:* BL, *G. froelichii:* K, *G. lutea:* OW, K, St, *G. pannonica:* SG, K, S, *G. pneumonanthe:* NW, OW, VD, S, St, *G. punctata:* NW, OW, K, S, *G. purpurea:* OW, SG, S, *G. utriculosa:* VD, *G. verna:* BL, SO • *Gentianella (Gentiana) aspera:* S, *G. ciliata:* BL, S, St, T, *G. germanica:* S • *Lomatogonium carinthiacum:* S • *Menyanthes trifoliata:* GR, NE • *Swertia perennis:* GL, NE, ZH, S.

Geraniaceae

Geranium sanguineum: BL.

Globulariaceae

Globularia punctata: D.

Lamiaceae (Labiatae)

Dracocephalum: CH, *D. ruyschiana:* T • *Horminum pyrenaicum:* Tl.

Lentibulariaceae

Pinguicula: D, AG, NE, TG, ZH • *Utricularia:* D.

Linaceae

Linum (ohne *L. catharticum*): D, *L. tenuifolium:* BL.

Lobeliaceae

Lobelia dortmanna: D.

Malvaceae

Althaea officinalis: D.

Menyanthaceae (siehe *Gentianaceae*).

Nymphaeaceae D.

Nuphar: CH, B, K, N, S, St, T, W, *N. lutea:* O • *Nymphaea:* B, K, N, S, St, T, W, *N. alba:* CH, O.

Oleaceae

Fraxinus ornus: T.

Paeoniaceae

Paeonia officinalis: CH.

Papaveraceae

Papaver: OW, *P. alpinum* s. lat. (mit *P. aurantiacum*): CH, *P. sendtneri:* D.

Parnassiaceae

Parnassia palustris: GE.

Plumbaginaceae

Armeria: CH, *A. elongata* subsp. *serpentini:* D, *A. halleri:* D, *A. purpurea:* D • *Limonium vulgare:* D.

Polemoniaceae

Polemonium coeruleum: D.

Polygalaceae

Polygala chamebuxus: BL.

Primulaceae
Androsace: CH, K, (ohne einjährige Arten): D, T • *Cortusa matthioli:* D, K • *Cyclamen:* D (alle europ. Arten), *C. europaeum:* AG, BE, FR, GR, JU, NW, OW, SO, TI, B, S, St • *Hottonia palustris:* D, AG, BE • *Primula:* D (ohne *P. elatior* und *veris*), alle rotblütigen Arten: S, St, (ohne *P. farinosa*): K, S, *P. auricula:* AG, BL, FR, GR, OW, SO, TI, ZH, K, N, O, S, St, W, *P. farinosa:* AG, BE°, JU, NE, SH, TG, ZH, B, St, *P. halleri:* T, *P. hirsuta:* OW, VD, *P. integrifolia:* TI, T, *P. vulgaris:* T • *Samolus valerandi:* TG • *Soldanella:* D • *Trientalis europaea:* GR.

Pyrolaceae
Chimaphila umbellata: D, ZH • *Pyrola:* SH, *P. rotundifolia:* GE, *P. (Moneses) uniflora:* BL.

Ranunculaceae
Aconitum: D, BL, OW, SH, *A. napellus:* AG, *A. vulparia (lycoctonum):* GE • *Adonis:* SH, *A. aestivalis:* BL, *A. vernalis:* D, CH, B, N, St, W • *Anemone baldensis:* T, *A. narcissiflora:* D, NW, OW, TI, K, S, St, *A. ranunculoides:* BL, NW, OW, *A. sylvestris:* D, CH, St • *Aquilegia:* D, AR, S, St, *A. alpina:* CH, *A. einseleana:* TI, *A. vulgaris:* OW • *Clematis alpina:* BE, FR, GR, TI • *Consolida regalis (Delphinium c.):* BL • *Delphinium elatum:* CH, K, S • *Helleborus:* TG, *H. niger:* D, TI, T, *H. viridis:* D, GL, GR • *Hepatica nobilis:* BL, SO • *Isopyrum thalictroides:* GE • *Pulsatilla:* D (alle europ. Arten), B, S, St, *P. alpina:* BE°, OW, TI, N, O, W, *P. apiifolia (sulphurea):* NW, OW, *P. montana:* GR, O, *P. pratensis (nigricans):* N, O, W, *P. vernalis:* FR, NW, OW, N, O, T, W, *P. vulgaris (oenipontana):* CH, N, O, T, W • *Ranunculus alpester:* NE, *R. gramineus:* VS, *R. lingua:* D, *R. parnassifolius:* FR, *R. thora:* TI • *Thalictrum:* AG, SH, *Th. aquilegiifolium:* BL, *Th. simplex:* D • *Trollius europaeus:* D, AG, BL, SH, SO, B.

Rosaceae
Agrimonia eupatoria: NW, OW • *Alchemilla conjuncta:* BL • *Amelanchier ovalis:* NW, OW • *Aruncus dioicus:* SH • *Dryas octopetala:* BL, SO, VD° • *Filipendula vulgaris:* BL • *Geum (Sieversia) reptans:* GL, K • *Potentilla* (weißblütige Arten): GE, *P. alba:* SH, *P. (Comarum) palustris:* GL, NW, OW • *Prunus tenella:* B, N, W • *Rosa:* SH • *Sorbus chamaemespilus:* SO, *S. domestica:* SH (Fällverbot) • *Waldsteinia ternata:* K.

Rutaceae
Dictamnus albus: D, CH, B, N, St, W.

Salicaceae
Populus (Kätzchen): UR • *Salix* (Kätzchen): OW, SO, UR, *S. alpina:* K, *S. breviserrata:* K, *S. helvetica:* K, *S. herbacea:* K, *S. reticulata:* K, *S. retusa:* K, *S. serpyllifolia:* K, *S. waldsteiniana:* K.

Saxifragaceae
Saxifraga: D (ohne *S. granulata* und

tridactylites), AG, BE°, OW, TG, ZH, K, T (alle alp. Polsterpfl.), *S. granulata:* GE, *S. paniculata:* BL.

Scrophulariaceae

Digitalis: GE, NW, OW, SH, TG, *D. grandiflora:* D, BL, St, *D. lutea:* D, St • *Erinus alpinus:* BL, SO • *Gratiola officinalis:* D • *Linaria alpina:* NE, SO • *Pedicularis:* D, *P. gyroflexa:* TI • *Scrophularia juratensis:* SO • *Wulfenia carinthiaca:* K.

Staphyleaceae

Staphylea pinnata: D, BL.

Thymelaeaceae

Daphne: D, AR, NW, OW, SG, ZH, B, K, S, St, *D. alpina:* CH, *D. cneorum:* CH, N, O, W, *D. laureola:* AG, BE, JU, K, O, *D. mezereum:* AG, AI, BL, GL, GR, JU, SH, SO, TG, N, O, T, W, *D. striata:* GL, UR, K.

Trapaceae

Trapa natans: D, TI, K.

Valerianaceae

Centranthus angustifolius: NE, SO • *Valeriana celtica:* O, S, T.

Violaceae

Viola calcarata: D, FR, NW, OW, *V. cenisia:* FR, NW, OW, *V. elatior:* SO, *V. lutea:* OW, *V. pinnata:* TI, *V. pyrenaica:* NW, *V. zoysii:* K.

Vitaceae

Vitis vinifera subsp. *sylvestris:* D, W.

Einkeimblättrige (Monocotyledonae)

Alismataceae

Alisma plantago-aquatica: NW, OW • *Sagittaria sagittifolia:* BL, TG.

Schmalblättriger Rohrkolben *(Typha angustifolia).*

Amaryllidaceae

Galanthus nivalis: D, BL, NW, SO, TI, S • *Leucojum aestivum:* D, CH, *L. vernum:* D, BL, SH, SO • *Narcissus:* D (alle europ. Arten), BL, NW, OW, *N. pseudonarcissus:* AG, FR.

Araceae

Acorus calamus: S • *Arum maculatum:* GL, OW, K • *Calla palustris:* D, CH, K, S.

Butomaceae

Butomus umbellatus: AG, BL, GE, TG, VD.

Cyperaceae

Carex baldensis: CH • *Eriophorum:* BL, GE, SH.

Hydrocharitaceae
Hydrocharis morsus-ranae: AG • *Stratiotes aloides:* D.

Iridaceae
Gladiolus: CH, B, *G. illyricus:* K, O, St, *G. palustris:* D, O, S, St, V • *Iris:* GE, (ohne *I. pseudacorus*): D, B, *I. graminea:* TI, *I. pseudacorus:* AG, BL, GL, NE, NW, OW, SG, SH, TG, TI, UR, ZH, T, *I. sibirica:* CH, S, T.

Liliaceae
Allium victorialis: GL, NE, NW, SO • *Anthericum:* GE, GL, NW, OW, *A. liliago:* BL, SH, *A. ramosum:* TG • *Asparagus tenuifolius:* K • *Asphodelus albus:* CH • *Bulbocodium vernum:* K • *Convallaria majalis:* AI, NW, OW, SO, UR • *Erythronium dens-canis:* CH, B, K • *Fritillaria:* D (alle europ. Arten), *F. meleagris:* CH, B, St • *Hemerocallis lilio-asphodelus:* B • *Lilium:* D (alle europ. Arten), *L. bulbiferum* (mit subsp. *croceum*): CH, K, N, O, S, St, T, V, W, *L. carniolicum:* K, St, *L. martagon:* CH, B, K, N, O, S, St, T, V, W • *Lloydia serotina:* NW, OW • *Maianthemum bifolium:* BL • *Muscari:* D, *M. botryoides:* SH, *M. racemosum:* BL, NW, OW • *Narthecium ossifragum:* D • *Ornithogalum:* BL, GE, *O. pyrenaicum:* K • *Paradisea liliastrum:* GL, NW, OW, SG, K • *Ruscus aculeatus:* TI • *Scilla* (mit *Endymion*): D, *S. bifolia:* BL, GR, NW, OW, SO • *Tulipa:* CH.

Orchidaceae D, AG, BE, BL, GR, JU, OW, SH, TG, TI, ZH, K, S.
Anacamptis pyramidalis: B • *Cephalanthera:* B, N, O, St, W • *Cypripedium calceolus:* B, N, O, St, T, V, W • *Dactylorhiza:* B • *Epipactis:* B • *Gymnadenia:* B • *Himantoglossum hircinum:* B, N, St, W • *Limodorum abortivum:* St • *Nigritella miniata (rubra):* N, O, St, T, W, *N. nigra:* AI, AR, LU, NE, SO, N, O, St, T, W • *Ophrys:* B, N, O, St, W • *Orchis:* B • *Platanthera:* B, N, St, W. [Nur **teilweise** oder **nicht geschützt** sind in der Schweiz folgende Arten: *Dactylorhiza majalis (latifolia):* AI, AR, BS, FR, GL, LU, NE, SG, SO, SZ, UR, VD, VS, ZG, *D. maculata (fuchsii):* AI, AR, BS, FR, GL, LU, NE, NW, SG, SO, SZ, UR, VD, VS, ZG • *Gymnadenia conopsea:* AI, AR, BS, FR, GE, GL, LU, NE, SG, SO, SZ, UR, VD, VS, ZG • *Nigritella nigra:* BS, FR, GL, NW, SG, SZ, UR, VD, VS, ZG • *Orchis mascula:* AI, AR, BS, FR, GL, LU, NE, NW, SG, SO, SZ, UR, VD, VS, ZG.]

Poaceae (Gramineae)
Stipa: D, K, *S. pennata:* BE, St.

Scheuchzeriaceae
Scheuchzeria palustris: D.

Typhaceae
Sparganium: OW • *Typha:* AG, BL, FR, GL, GR, NW, OW, SG, SH, TG, ZH, K, S, *T. latifolia:* SO, UR, *T. minima:* GE.

Rote Listen

Wenn gelegentlich Zeitungen, Rundfunk und Fernsehen Hiobsbotschaften bringen, wie in den Tropen Raubbau mit der Natur getrieben wird, wie Pflanzen und Tiere ausgerottet werden, kann sich der einzelne hier oft keine rechte Vorstellung davon machen. Es fehlt der persönliche Bezug. Wem kommt dann in den Sinn, daß sich ähnliches auch bei uns in Mitteleuropa abspielt – oft fast unbemerkt, weil sich das Auge an die vielen kleinen Änderungen gewöhnt und nicht bewußt registriert?
Sensibilisiert wurde die Öffentlichkeit in den letzten 2–3 Jahren für die Gefährdung der Wälder durch den sauren Regen. Wer aber weiß, daß der Fortbestand von einem Drittel der in Deutschland heimischen Pflanzenarten gefährdet ist, daß bereits ein halbes Hundert Arten in den vergangenen hundert Jahren aus der deutschen Flora verschwunden sind? Davon ist wenig zu lesen: Die Mängel anderswo zu zeigen, ist immer gut, nur vor der eigenen Haustür zu kehren, gilt als unerwünscht.

Die Lage in der Bundesrepublik Deutschland

Dabei gehört die Bundesrepublik noch zu den Staaten, die als erste die Gefährdung der Pflanzen- und Tierwelt erkannt und mit der Erforschung der Ursachen begonnen haben. Seit gut 10 Jahren wird an **Artenschutz-Programmen** gearbeitet, mit deren Hilfe die gefährdeten Lebewesen erhalten werden sollen. Das Bundesministerium für Ernährung, Landwirtschaft und Forsten stellte Gelder dafür bereit. Ähnliche Programme werden derzeit von zahlreichen anderen Staaten gefördert, aber auch von internationalen Organisationen wie den Vereinten Nationen, der Europäischen Gemeinschaft und dem Europarat.

Geschichtliche Entwicklung

Mit der Katalogisierung der gefährdeten Pflanzenarten begann 1966 die Internationale Union zum Schutze der Natur und der natürlichen Hilfsquellen (**I**nternational **U**nion for **C**onservation of **N**ature und Natural Resources, IUCN). Die IUCN ist eine unabhängige internationale Organisation, der Staaten, Behörden und private Gruppen als Mitglieder angehören; sie arbeitet eng mit anderen im Naturschutz engagierten Organisationen zusammen, z. B. mit den Vereinten Nationen und dem World Wildlife Fund (WWF). Im Rahmen der IUCN wurde 1974 das Komitee für bedrohte Pflanzen (**T**hreatened **P**lants **C**ommittee, TPC) gegründet, das seinen Sitz am Königlichen Botanischen

Die Kornrade *(Agrostemma githago)* ist wie viele andere Wildkräuter unserer Getreidefelder nahezu ausgestorben.

Garten in Kew bei London hat. Unter der Bezeichnung **Red Data Book** (Rote Liste) erschien 1970 das erste Verzeichnis von Arten, die im Weltmaßstab gefährdet sind, 1978 eine zweite, erweiterte Fassung. Die erste Rote Liste für die Gefäßpflanzen der Bundesrepublik lag 1974 vor; die zweite Fassung bildete zusammen mit Roten Listen für Moose, Flechten und 16 Tiergruppen das Heft 1 der Schriftenreihe »Naturschutz aktuell« (Kilda Verlag, Greven 1977); die dritte Fassung wird vorbereitet.

Zweck und Erstellung

Wer Artenschutzprogramme anwenden will, muß über zwei Sachverhalte als Grundlage Bescheid wissen: welche Arten sind gefährdet (Erfassung) und warum sind sie gefährdet (Bewertung). Erst danach kann über geeignete Maßnahmen zum Schutz beraten werden. Das Ergebnis von Erfassung und Bewertung sind die Roten Listen. Rote Listen basieren auf der Erfahrung der im Gelände tätigen Botaniker. Sie entstehen in Gemeinschaftsarbeit, wobei alle Pflanzenkenner in einer größeren Region ihre lokalen Erfahrungen einbringen, sei es im direkten Kontakt während Tagungen oder im Briefwechsel, sei es indirekt über die Mitarbeit bei der floristischen Kartierung. Gerade die verschiedenen Kartierungsprojekte tragen mit ihren Ergebnissen wesentlich zur genauen Kenntnis der Floren bei. Rote Listen gehören in diesen Zusammenhang: Sie sind neben den Verbreitungsatlanten, dem Hauptziel der Kartierungen, ein weiteres, aber zweifellos ebenso wichtiges Ergebnis der gegenwärtig intensiv betriebenen Florenerforschung. Ist der Artenbestand eines Gebiets ermittelt, müssen die einzelnen Arten als nächstes nach dem Gefährdungsgrad bewertet werden. Dabei gilt nicht automatisch die Beziehung: selten = gefährdet, bzw. häufig = nicht gefährdet. In jedem Fall soll außerdem die Bestandsentwicklung berücksichtigt werden, vorausgesetzt darüber ist etwas bekannt. Durchschnittlich gesehen sind z. B. die Arten der meisten Waldformationen, selbst wenn sie selten sind, weniger gefährdet, da

Rote Listen

Gefährdete Arten in Mitteleuropa nach den bisher erschienenen Roten Listen

Land	Flora Artenzahl		gefährdete Arten 1.1 Ex ?Ex	1.2 E	2 V	3	4 R, A	Summe
Bundesrepublik Deutschland 1974, 1977	2667		58	161	175	213	215	822
		%	2	6	7	8	8	31
Baden-Württemberg 1973	1795		59	75	54	331		519
		%	3	4	3	18		29
Bayern 1974	2032		32	148		307	79	566
		%	2	7		15	4	28
Niedersachsen 1976	1847		105	166	151	192	61	675
		%	6	9	8	10	3	37
Hessen 1976, 1980	1696		110	74	145	189	94	612
		%	6	4	9	11	6	36
Nordrhein-Westfalen 1979	1580		84	118	101	153	104	560
		%	5	7	6	10	7	35
Saarland 1979	1352		82	67	99	120	21	389
		%	6	5	7	9	2	29
Schleswig-Holstein (mit Hamburg) 1979	1380		71	150	116	133	76	546
		%	5	11	8	10	6	40
Rheinland-Pfalz 1980	1774		102	69	177	190	43	581
		%	6	4	10	11	2	33
Berlin (West) 1982)	1243		116	158	193	117	14	598
		%	9	13	16	9	1	48
Schweiz 1982	2700		46	213	261		253	773
		%	2	8	10		9	29
Burgenland 1978, 1980, 1981, 1982	1774		29	66	214	304	26	639
		%	2	4	12	17	1	36
Salzburg 1979	1)		31	110		178	100	419
Steiermark 1980	1960		32	84	154	168	68	506
		%	2	4	8	9	3	26
Europa 1976	11600		25		2)			2100
		%	0					18

die Wälder relativ intakte Lebensräume darstellen (abgesehen dort, wo die Forstwirtschaft nach unnatürlichen Profitgesichtspunkten handelt). Ganz anders sieht es für die Arten manch anderer Biotope aus, z. B. der Feuchtgebiete und Magerwiesen; obwohl diese Arten noch an vielen Fundstellen existieren, sind sie gefährdet, weil sie durch die fortschreitende Vernichtung ihrer Standorte mehr und mehr verschwinden und ihre Überlebenschance drastisch eingeschränkt wird. Man denke nur an die Trollblume *(Trollius europaeus)* oder das Breitblättrige und das Kleine Knabenkraut *(Dactylorhiza majalis, Orchis morio)*.
Die Gefährdung wird nach standardisierten Kategorien bewertet. Zwei Systeme sind in Gebrauch; sie decken sich nicht völlig, sind aber vergleichbar (siehe die Gegenüberstellung S. 161). Die IUCN und die Schweiz unterscheiden:

Ex	Ausgestorben (**Ex**tinct)
?Ex	Wahrscheinlich ausgestorben
E	Gefährdet (**E**ndangered) Arten, die in Gefahr sind auszusterben oder deren Überleben unwahrscheinlich ist, wenn die verursachenden Faktoren fortbestehen
V	Verwundbar (**V**ulnerable) Arten, die in naher Zukunft wahrscheinlich in die gefährdete Kategorie gehören werden, wenn die verursachenden Faktoren fortbestehen
R	Selten (**R**are) Arten mit kleinen Vorkommen, die derzeit nicht gefährdet oder verwundbar sind, die aber potentiell gefährdet sind
T	Bedroht (**T**hreatened) Zu einer der vorigen Kategorien gehörig, doch nicht bekannt zu welcher
I	Unbestimmt (**I**ndeterminate) Wahrscheinlich zu einer der Gefährdungskategorien gehörig, doch nicht genügend Informationen dazu vorhanden

Zu Tabelle links

[1] Für Salzburg ist die Artenzahl der Flora nicht angegeben.

[2] Für Europa ist nur die Gesamtzahl der gefährdeten Arten bekannt, nicht jedoch zu welchen Gefährdungsklassen sie gehören.

Die Jahreszahlen geben die Erscheinungsjahre der Roten Listen an (erste und spätere Fassungen). Die Gefährdungsgrade sind auf S. 159 ff. erklärt. Alle Angaben betreffen die Gefäßpflanzen-Flora. Weitere Roten Listen wurden veröffentlicht für einige Staaten Mittel- und Westeuropas sowie für die Sowjetunion. Aus der DDR liegen Listen vor für das Gesamtgebiet und für einige Bezirke.

Rote Listen

O Außer Gefahr (**O**ut of danger)
Arten, die früher gefährdet waren und deren Fortbestand inzwischen durch Schutzmaßnahmen gesichert wurde

A Attraktiv (nur Schweiz)
Arten, die nicht akut gefährdet sind, die aber häufig wegen ihrer Attraktivität gepflückt und ausgegraben werden und daher meist geschützt sind

In der Bundesrepublik und in Österreich wird nach anderen Kriterien bewertet, wobei die Besonderheiten Mitteleuropas berücksichtigt sind:

1.1 Ausgestorben oder verschollen
Arten, die nachweislich ausgestorben bzw. ausgerottet sind oder die verschollen sind, d. h. trotz Nachsuche seit mindestens 10 Jahren nicht mehr gesehen wurden

1.2 Vom Aussterben bedroht
Arten, deren Überleben unwahrscheinlich ist, wenn die verursachenden Faktoren weiterhin einwirken und keine Schutzmaßnahmen ergriffen werden

2. Stark gefährdet
Arten, die im gesamten einheimischen Verbreitungsgebiet gefährdet sind, mit überall nur kleinen oder stark zurückgehenden Beständen

3. Gefährdet
Arten, die in großen Teilen des einheimischen Verbreitungsgebiets gefährdet sind, mit regional und lokal kleinen oder zurückgehenden Beständen, oder Arten mit wechselnden Wuchsorten

4. Potentiell gefährdet
Arten, die nur an wenigen Stellen wachsen oder die am Rand ihres Areals leben, die also schon allein auf Grund ihrer räumlich begrenzten Vorkommen potentiell (jedoch nicht akut) gefährdet sind

Geltungsbereich
Rote Listen gelten stets nur für die Gebiete, für die sie erarbeitet wurden. Der Gefährdungsgrad einer Art hängt also vom geographischen Rahmen ab; die Küchenschelle *(Pulsatilla vulgaris)* z. B., die in der Bundesrepublik als ganze gesehen gefährdet ist (3), ist in Hessen und Rheinland-Pfalz ebenfalls gefährdet (3), in Niedersachsen sogar vom Aussterben bedroht (1.2), dagegen in Teilen Bayerns noch so verbrei-

tet, daß sie dort nur wegen ihrer Attraktivität als potentiell gefährdet gelten kann. Entsprechend müssen in den verschiedenen Landschaften jeweils andere Schutzmaßnahmen durchgeführt werden.

Zeitlicher Bezug

Die Roten Listen geben immer den **gegenwärtigen Zustand** wider. Wegen ständig wechselnder natürlicher und menschlicher Einflüsse ändern sich die Verbreitungsmuster der Arten ebenfalls. Die Gefährdung muß daher von Zeit zu Zeit überprüft werden, d. h. Rote Listen müssen überarbeitet und fortgeschrieben werden. Abgesehen davon sind wir noch weit davon entfernt, die Gefährdung jeder Art richtig beurteilen zu können. Oft mangelt es an der genauen Kenntnis der Areale und der ökologischen Ansprüche. So gesehen sind die heute vorliegenden Roten Listen erste Einschätzungen. Eine Hoffnung aber dürfte vergebens sein:

Das Scheidige Wollgras *(Eriophorum vaginatum)* ist in vielen Gegenden Mitteleuropas durch Zerstörung seiner Wuchsorte bedroht.

daß sich durch neue Daten zukünftig etwas an dem besorgniserregenden Bild, das die Roten Listen von der Flora entwerfen, bessern wird.

Auswertung und Folgerungen

Für die Ausarbeitung von Artenschutz-Programmen sind die Roten Listen zwar die nötige Grundlage,

Gegenüberstellung der Bewertungssysteme (Gefährdungsgrade) für die Roten Listen (Erläuterungen im Text)

Bundesrepublik, Österreich	IUCN, Schweiz
1.1	Ex, ?Ex
1.2	E
2 3	} V
4	R,A

Der Mainzer Sand, ein Binnendünen-Gebiet, samt seiner einzigartigen Flora ist durch die Ausdehnung der Siedlungen stark bedroht. Im Sandrasen sind zu sehen: Strohblume *(Helichrysum arenarium)*, Silberscharte *(Jurinea cyanoides)* und Steinkraut (siehe S. 169).

gleichwohl aber nur der erste Arbeitsgang. Sie müssen nach verschiedenen Gesichtspunkten analysiert werden, wobei es vor allem darum geht, die Ursachen für die Gefährdung der einzelnen Arten zu ermitteln und die Verursacher namhaft zu machen. Ohne diese Kenntnis wären Schutz- und Erhaltungsmaßnahmen unmöglich. In der Bundesrepublik, wo die Analyse der Roten Listen am weitesten vorangekommen ist, beschäftigen sich einige Universitäts-Institute und besonders die Bundesforschungsanstalt für Naturschutz und Landschaftsökologie mit den Problemen. Die nachfolgenden Angaben beziehen sich stets auf die Gefäßpflanzen-Flora, deren Gefährdung am besten erforscht ist.

Zahlenmäßiger Anteil gefährdeter Arten

Summiert man die Arten der verschiedenen Gefährdungsgrade, ergibt sich bei allen Roten Listen aus Mitteleuropa, daß etwa ein Drittel des jeweiligen Artenbestands gefährdet ist. Der hohe Anteil läßt befürchten, daß manche Art ausgestorben sein wird, bevor überhaupt Erhaltungsmaßnahmen wirksam werden können. Diese Sicht ist keinesfalls zu pessimistisch, wenn man die während der vergangenen 100–150 Jahre verschwundenen Arten zugrunde legt: In den Flachländern, die intensiv genutzt werden, sind es 5–6% der Flora, in den Ländern mit Hochgebirgen, wo der menschliche Einfluß bisher geringer war, sind es etwa halb so viel.

Der Anteil an Arten, die im europäischen Maßstab gefährdet sind, wird auf knapp 20% von 11600 geschätzt. Der Wert ist wegen großer Wissenslücken vorläufig. Noch unsicherer ist die Schätzung für die Erde insgesamt: etwa 10% gefährdete bei 250000 Arten.

Anteil bedrohter Arten nach Lebensräumen

Analysiert man die Roten Listen hinsichtlich des Vorkommens der Arten in den verschiedenen Pflanzenformationen, dann stellt sich eine sehr ungleiche Verteilung heraus. Am stärksten sind die Naß- und Feuchtbiotope betroffen, in etwa gleichem Maß auch die Trokken- und Halbtrockenrasen sowie die Küstenvegetation. Fast 60% des Artenbestands von Mooren und Moorwäldern ist gefährdet, bei den Rasen sind es um 40% und bei den Feuchtwiesen 30%, um einige Beispiele zu nennen. Am Ende der Skala stehen Laubwälder, Ruderalfluren sowie Frischwiesen und -weiden mit jeweils etwa 10% gefährdeten Arten. Die Prozentzahlen spiegeln die Intensität der Landnutzung wider. Dort, wo die historisch gewachsenen Strukturen tiefgreifend und schnell verändert werden, sind Pflanzen- und Tierwelt am meisten bedroht – eine Entwicklung, die in den beiden letzten Jahrzehnten akut geworden ist.

Ursachen der Gefährdung und Verursacher

Eine Ursache wirkt sich besonders nachteilig auf die Vegetation aus: die Beseitigung von ungenutzten und wenig genutzten Flächen. Hiervon sind zum einen die sogenannten »anthropogenen Sonderstandorte« betroffen. Das sind Standorte, die vom Menschen nur unregelmäßig genutzt oder beeinflußt werden, wie Trockenrasen, Feuchtwiesen oder Tretgesellschaften auf Wegen. Zum anderen verschwin-

Durch Flurbereinigungen werden große Veränderungen von Vegetation und Flora verursacht. In »ausgeräumten« Landschaften, wie im Bild bei Tairnbach im Kraichgau, ist die biologische Vielfalt nachhaltig zerstört.

Ursachen (Ökofaktoren) für den Artenrückgang

	D	Rh-Pf
Beseitigung von ungenutzten und wenig genutzten Flächen	36	47
Aufgabe der Nutzung	30	35
Entwässerung	30	31
Überbauung, Aufschüttung, Einebnung	27	28
Änderung der Nutzung	21	31
Mechanische Einwirkungen (Tritt, Lagern, Wellenschlag usw.)	17	25
Abbau und Abgrabung	19	21
Herbizidanwendung, Saatgutreinigung	18	21
Eingriffe wie Entkrautung, Roden, Brand	14	22
Wasserbauliche Maßnahmen	12	9
Sammeln	12	7
Luft- und Bodenverunreinigung	1	14
Gewässereutrophierung	10	3
Aufhören von periodischen Bodenverwundungen (z.B. durch Befahren, Kiesentnahme)	7	6
Schaffung künstlicher Gewässer	1	9
Einführung von Exoten	2	7
Gewässerverunreinigung	5	4
Bodeneutrophierung	3	5
Dorfsanierung	3	5
Aufgabe bestimmter Feldfrüchte	1	1

Zu Tabelle oben und rechts:
Die Zahlen sind Prozentwerte für die durch eine Ursache (oben) bzw. einen Verursacher (rechts) jeweils betroffenen Arten, bezogen auf alle gefährdeten Arten der Bundesrepublik (D), 581 Arten, und von Rheinland-Pfalz (Rh-Pf), 531 Arten. Da für zahlreiche Arten mehrere Gefährdungsursachen bestehen, ist die Summe größer als 100%. Die beiden Gebiete wurden in der Tabelle erfaßt, da bisher nur für sie detaillierte Analysen vorliegen.

den die Übergangsbereiche zwischen verschiedenen Pflanzenformationen, die sogenannten »Ökotone«. Das sind die Grenzzonen zwischen Wald und Wiese, Wald und Acker, Acker und Weg, usw., also Waldränder, Böschungen, Steinriegel usw.
Sonderstandorte und Ökotone bieten zahlreichen Arten gute Lebensmöglichkeiten. Sie fallen als erste der Intensivierung der Landnutzung zum Opfer, sind es doch »unproduktive« Flächen, die wenig Ertrag bringen. Die Manie, auch den kleinsten Winkel in der Landschaft intensiv zu kultivieren und umzugestalten, zeugt von Unverständnis für die natürlichen Zusammenhänge und von fehlgeleitetem Ordnungsdenken.
In der Negativliste folgen einige Maßnahmen, deren Auswirkung auf die Pflanzenwelt man auch nach dem täglichen Augenschein als schwerwiegend erachten würde.
Das sind die großflächigen Zerstörungen natürlicher Wuchsorte durch Überbauung und Entwässerung, außerdem die Veränderungen beim Wechsel oder bei der Einstellung der bisherigen Nutzung.
Die 5 genannten Ursachen sind für 50–60% des Artenrückgangs verantwortlich. 15 weitere Ursachen, die in der Tabelle auf S. 164 aufgeführt sind, machen den Rest aus.
Über vier Fünftel der negativen Einflüsse sind nicht auf einzelne Arten gerichtet. Werden diese ausgerottet, ist das eine nicht beabsichtigte, wenn auch gebilligte Begleiterscheinung der Eingriffe in die Natur. Hier gilt es aufzuklären.
Die bei weitem größte Verursacherin des Artenrückgangs ist die

Verursacher des Artenrückgangs

	D	Rh-Pf		D	Rh-Pf
Landwirtschaft	81	80	Wasserwirtschaft	16	14
Forstwirtschaft und Jagd	14	34	Abfall- und Abwasserbeseitigung	12	16
Rohstoffgewinnung, Kleintagebau	18	20	Teichwirtschaft	6	14
Städtisch-industrielle Nutzung	17	21	Verkehr und Transport	3	16
Tourismus, Erholung	19	18	Militär	6	8
			Wissenschaft	1	3

Die Aufgabe der Nutzung ist ein bedeutender Faktor für den Rückgang vieler Arten, da als Folge der einsetzenden Sukzession der ursprüngliche Charakter verloren geht. Wird z. B. Grünland nicht mehr bewirtschaftet, setzt meist bald die Bewaldung ein; im Bild ein Halbtrockenrasen bei Bad Vilbel (Wetterau) mit Pioniergehölz von Birke *(Betula pendula)*.

Landwirtschaft. Sie gefährdet den Fortbestand von etwa 30% der bedrohten Arten allein und ist bei weiteren knappen 50% neben anderen Verursachern beteiligt. Diese Zahlen nehmen nicht wunder, zählt doch die Landwirtschaft zu den größten Landnutzern. Der Sachverhalt muß aber deshalb sehr bedenklich stimmen, weil die Landwirtschaft früher ein Garant der Artenvielfalt war. Schädlich ist also nicht die Nutzung als solche, sondern die übersteigerte Intensität, die zu monotonen und artenarmen Landschaften führt. Wird das Spektrum landwirtschaftlicher Tätigkeit aufgeschlüsselt, haben die Flurbereinigungen die schwerwiegendsten Auswirkungen, gefolgt von der Intensivierung in der Grünlandnutzung und im Ackerbau. Neuerdings hat ein langsamer Sinneswandel eingesetzt. Manche Flurbereinigungsämter sind sich ihrer Aufgabe bewußt geworden, außer den Belangen der Landwirtschaft auch die der arg strapazierten Natur zu vertreten.

Endemiten

Allgemein werden Arten, die in einem begrenzten Gebiet wachsen, als Endemiten dieses Gebiets bezeichnet. Im Weltmaßstab besehen kann eine Art z. B. in Europa oder Nordamerika endemisch sein, normalerweise wird der Begriff jedoch meist dann benutzt, wenn es sich um kleinere Areale handelt. Ein Endemit mit geringer Verbreitung ist z. B. die Sturzbach-Gemswurz *(Doronicum cataractarum),* die einzig im Bereich der Waldgrenze auf der Koralpe in Österreich vorkommt.
Die Erscheinung des Endemismus ist für die Artenschutzprogramme bedeutsam:

> Eine Art ist potentiell um so mehr gefährdet, je kleiner ihr Wuchsgebiet ist.

Arten mit sehr kleinen Arealen, die nur an wenigen oder gar nur an einem einzigen Wuchsort wachsen gibt es in größerer Anzahl. Bei ihnen bedeutet schon der Bau einer Straße oder die Anlage eines Stausees zufällig an der betreffenden Stelle die unwiderrufliche Ausrottung. Weiter verbreitete Arten sind so direkt nicht bedroht. Wenn sie aus einem Land verschwinden, wie etwa der Kleefarn (*Marsilea quadrifolia,* siehe die Abb. S. 72) aus Deutschland (früher im Oberrheintal), dann ist die Art wenigstens noch anderswo erhalten.
Auf Endemiten muß daher bei der Erstellung Roter Listen besonders geachtet werden. Das Komitee für bedrohte Pflanzen (siehe S. 156) hat sich des Problems angenommen und 1977 eine Liste der Endemiten in Europa vorgelegt. Darin sind für die Bundesrepublik 2, für die Schweiz 1 und für Österreich 23 Arten genannt. Die große Zahl im letzten Land ist eine Folge der Florengeschichte: Die Arten haben im Randbereich der Alpen überlebt, der während der Eiszeit unvergletschert war. Fast vier Fünftel der etwa 2000 europäischen Endemiten wachsen in den Mittelmeerrandstaaten.
Tatsächlich ist die Zahl der Endemiten in Mitteleuropa wesentlich größer, als die erste Aufstellung ergeben hat. Denn nicht erfaßt wurden die Arten einiger formenreicher Pflanzengruppen, z. B. von Brombeere (*Rubus-fruticosus*-Artengruppe), Habichtskraut *(Hieracium)* oder Gold-Hahnenfuß (*Ranunculus-auricomus*-Artengruppe). Heute ist es vielfach noch unmöglich, die Gefährdung dieser Arten anzugeben, da wir viel zu wenig von ihnen wissen und da es nicht genü-

Rote Listen

Das Bodensee-Vergißmeinnicht *(Myosotis rehsteineri)* an einem seiner letzten Fundorte auf der Insel Mainau. Die Art wächst am Ufer weniger Seen des Nord- und Südrands der Alpen und ist vom Aussterben bedroht.

gend Fachleute gibt, die sich mit ihnen auskennen. Systematische Probleme und Areale sind erst ansatzweise geklärt.

Mitarbeit bei Roten Listen

Generell kann und sollte sich jeder beteiligen, dem die Erhaltung der Artenvielfalt in der einheimischen Flora am Herzen liegt. Wer noch keine Verbindung zur Arbeitsgruppe hat, welche die Rote Liste erstellt und fortschreibt, kann die Adresse beispielsweise beim Landesministerium erfahren, das für den Naturschutz zuständig ist.

Die einfachste Form der Mitarbeit ist die Meldung von Fundorten. Jeder Hinweis ist nützlich. Manches Interessante kann sich nebenher ergeben, wenn die Flora der Umgebung aus einem anderen Blickwinkel erforscht wird, z. B. bei der floristischen Kartierung, beim Fotografieren oder bei der Anfertigung von Vegetationsaufnahmen. Erfahrungen, die gefährdete Arten betreffen, sollte man zur Auswertung weiterleiten.

Wertvoll sind außerdem gezielte Beobachtungen an den gefährdeten Arten selbst. Gibt es Vorkommen in der näheren Umgebung, die man ohne großen Aufwand erreichen kann, sollte man die Wuchsorte regelmäßig besuchen. Notizen zum jährlichen Verhalten der Pflanzen, zur Bestandsentwicklung und zu den Standortsfaktoren sind später die so dringend benötigte Grundlage, wenn über den Schutz der Art beraten wird, d. h. wenn Überlebensstrategien entwickelt werden sollen. Solche ins Detail gehenden Informationen sind Mangelware.

Ordnung und Benennung der Arten

Hinweise zur Ordnung und Benennung der Pflanzen

Die Art

Bei der Gruppierung von Einzelpflanzen und Populationen nach ihrer Ähnlichkeit nimmt die Art (Spezies) eine Schlüsselposition ein. Der Art liegt ein einfaches, biologisch begründetes Konzept zugrunde: sie ist die kleinste Einheit, d. h. die kleinste Gruppe von Pflanzen, die von anderen Gruppen durch erbliche Merkmale unterschieden und in der Fortpflanzung isoliert ist.
Auf der Art aufbauend wird ein System von Rangstufen verwendet, welches die abgestufte Verwandtschaft der Arten zueinander widerspiegelt. Sich nahestehende Arten werden zu Gattungen, diese wieder zu Familien zusammengefaßt. Eine Übersicht über das hierarchische System der taxonomischen Rangstufen findet sich auf S. 171.
In der Praxis werden häufig die Begriffe Sammelart bzw. Aggregat benutzt. Man versteht darunter eine Gruppe nah verwandter und ähnlich aussehender Arten, die schwierig zu bestimmen sind. Wer noch wenig geübt ist oder aus einem anderen Grund die Artzugehörigkeit nicht klären kann, gibt dann das Aggregat an.
Als Untereinheit der Art ist heute allgemein nur noch die Unterart (Subspezies) in Gebrauch. Sie umfaßt Gruppen von Pflanzen und Populationen, die zwar eigene charakteristische Merkmale besitzen, die aber von anderen Gruppen nicht scharf abgesetzt sind. Unterarten sind meist geographische Rassen, zwischen denen räumlich und morphologisch intermediäre Pflanzen vermitteln. Ferner gibt es ökologische und jahreszeitliche Rassen sowie Chromosomenrassen.
Für unbedeutende Variation innerhalb der Art wird der Begriff »Variante« benutzt (siehe s. 175).

Dünen-Rasse des Berg-Steinkrauts *(Alyssum montanum* subsp. *gmelinii),* Mainzer Sand.

Ordnung und Benennung der Arten

Name einer Art

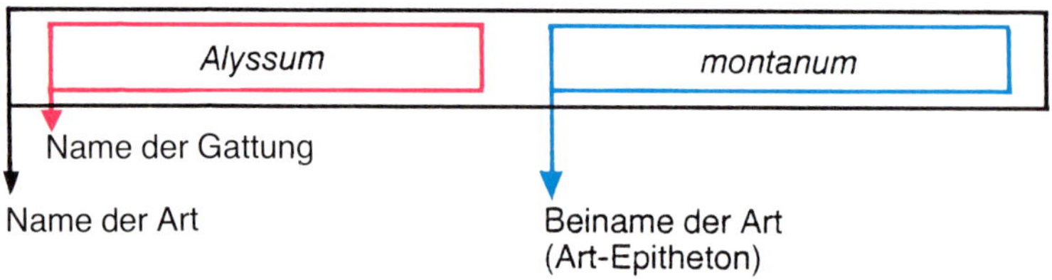

Name einer Unterart

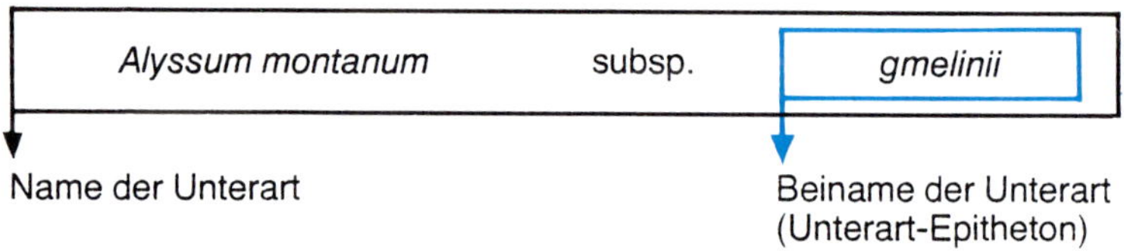

Den wissenschaftlichen Pflanzennamen werden die Autoren angefügt (siehe S. 174).

Zu Tabelle rechts:
△ Die Unterabteilungen der Gattungen bzw. Arten werden wie folgt benannt: Gattungs- bzw. Artname + Beiname (Epitheton) der Unterabteilung, verbunden durch die Bezeichnung der Rangstufe; siehe die Beispiele bei Sektion und Unterart.

○ Die Rangstufen der Varietät und Form werden heute nur noch selten benutzt. An ihre Stelle tritt die »Variante«, die keine Rangstufe ist und keinen wissenschaftlichen Namen erhält.

Die eingerückten Rangstufen werden bei Bedarf benutzt. Man gruppiert z. B. die zahlreichen Arten einer großen Gattung der besseren Übersicht halber zu Sektionen und Serien.
Die Unterart wird heute meist »subsp.« angekürzt. Früher war »ssp.« üblich.
Als Beispiel ist die Dünen-Rasse des Berg-Steinkrauts genannt, eine in der Bundesrepublik geschützte Art (Abb. S. 169).
Die Einheiten, gleich welcher Rangstufe sie angehören, werden als Sippen (= Taxa, sing.: Taxon) bezeichnet. Eine Sippe kann also eine Art, eine Unterart, eine Gattung usw. sein.

Ordnung und Benennung der Arten

Die taxonomischen Rangstufen bei der Klassifikation des Pflanzenreiches

Rangstufe	Übliche Endung	Beispiel (Sippe)	Deutsche Bezeichnung
Reich (regnum)	-ota	Eukaryota	Pflanzen mit echten Zellkernen
Abteilung (divisio oder phylum)	-phyta	Spermatophyta (früher Phanerogamae)	Samenpflanzen
Unterabteilung (subdivisio oder subphylum)	-phytina	Magnoliophytina (=Angiospermae)	Bedecktsamer
Klasse (classis)	-atae, -opsida	Magnoliatae (=Dicotyledonae)	Zweikeimblättrige
Ordnung (ordo)	-ales	Capparales	Kapernstrauchartige
Familie (familia)	-aceae	*Brassicaceae (=Cruciferae)*	Kreuzblütler
Tribus (tribus)	-eae	*Alysseae*	Steinkrautverwandte
Gattung (genus)		*Alyssum*	Steinkraut
Sektion (sectio)	△	*Alyssum* sect. *Alyssum*	–
Serie (series)	△	–	–
Art (species)		*Alyssum montanum*	Berg-Steinkraut
Unterart (subspecies)	△	*Alyssum montanum* subsp. *gmelinii*	Dünen-Rasse des Berg-Steinkrauts
Varietät (varietas)	△ ○	–	–
Form (forma)	△ ○	–	–

Ordnung und Benennung der Arten

Wissenschaftliche Benennung
Das heute weltweit akzeptierte Verfahren, Pflanzen mit einem zweiteiligen wissenschaftlichen Namen (Binom) zu benennen wurde 1753 von Linné eingeführt. Davor hatte man Pflanzen mit Phrasen aus mehreren Wörtern beschrieben, oft von Autor zu Autor wechselnd, was zu viel Verwirrung führte. Diese Binome bestehen aus dem Gattungsnamen und einem Beinamen (Epitheton) für die Art (siehe S. 170). Beide sind lateinische oder latinisierte Wörter, was den Vorteil hat, daß sie unabhängig von lebenden nationalen Sprachen international akzeptiert werden.
Für die Benennung gibt es einen Vorschriftenkatalog in den Nomenklaturregeln (Internationaler Code der botanischen Nomenklatur).

Namensänderungen
Trotz der verbindlichen Regeln für die Namengebung ändern sich die wissenschaftlichen Namen gelegentlich. Verdrießlich ist das besonders, wenn häufige Arten betroffen sind und man umlernen muß, etwa bei der Kamille *(Chamomilla recutita)*, der Nacht-Lichtnelke *(Silene pratensis)* oder dem Frühlings-Fingerkraut *(Potentilla neumanniana)*. Bei einem Vergleich der ersten Neubearbeitung des »Schmeil-Fitschen« nach dem Krieg (1954) mit der »Liste der Gefäßpflanzen Mitteleuropas« (1973) zählt man etwa 220 Änderungen von Artnamen sowie weitere 120 Neukombinationen, d.h. Arten wurden unter Beibehaltung ihres Beinamens in eine andere Gattung versetzt. Insgesamt machen die Fälle ein Achtel der Flora aus!
Namensänderungen werden oft wegen neuer Forschungsergebnisse notwendig. Daneben gibt es Fälle, daß in der Literatur des 18. und 19. Jahrhunderts Namen aufgefunden werden, die bisher übersehen worden waren. Sie müssen verwendet werden, weil das Prinzip der Priorität gilt, was besagt, daß für eine Art immer der zuerst beschriebene Name gültig ist.
Manche Schwierigkeiten kommen auch von den Nomenklaturregeln selbst. Obwohl sie mehrfach überarbeitet und genauer formuliert wurden, sind sie nicht viel sicherer in der Anwendung geworden. Für sie gilt das gleiche wie für andere Gesetzeswerke auch: Nicht jedes kleine Problem läßt sich regeln, Lücken bleiben immer. Wir alle, die wir mit Pflanzen in der Natur zu tun haben, können nur hoffen, daß der eigentliche Zweck der Regeln, Hilfsmittel zu sein und für stabile Namen der Arten zu sorgen, wieder mehr Gewicht gewinnt und die gegenwärtige Phase des Flusses bald in nomenklatorische Ruhe einmündet.

Erklärung von Fachwörtern

Die Zusammenstellung enthält einige Wörter, die im Text vorkommen, aber nicht im jeweiligen Zusammenhang erläutert sind. Hier nicht angeführte Fachwörter sind im Register nachzuschlagen.

Adventive wichtige Gruppe der wildwachsenden Arten (siehe S. 124); nach der Einwanderungsart werden unterschieden: Eindringlinge (breiten sich selbst aus), Eingeschleppte (werden vom Menschen unabsichtlich verschleppt), Verwilderte (wurden zuerst absichtlich angebaut); ↗ Archaeophyten, ↗ Neophyten.

anthropogen vom Menschen herstammend; wird oft im Gegensatz zu »natürlich« benutzt; vgl. synanthrop.

Archaeophyten (Alteingebürgerte) ↗ adventive Arten, die seit langem eingebürgert sind (Stichjahr: Entdeckung Amerikas); vgl. Neophyten.

Arealkunde (Chorologie) Lehre von der Verbreitung der Pflanzen.

Autoren der Name des Autors, der eine Sippe (siehe S. 170) neu beschreibt, wird dem Pflanzennamen angefügt; bei Umkombinationen wird der Erstautor in Klammern gesetzt, danach folgt der Autor, der die Änderung vornahm; Beispiel: Die Fichte, ursprünglich *Pinus abies* Linné, wurde später aus der Gattung »Kiefer« ausgegliedert und heißt nun *Picea abies* (Linné) Karsten.

Auwald verschiedene Waldtypen auf nährstoffreichen, (zeitweise) nassen Standorten; siehe S. 100.

Bastard Kreuzung zwischen 2 Pflanzensippen; bei der wissenschaftlichen Benennung wird das Bastardzeichen »x« verwendet, z. B. *Medicago* x *varia* bzw. *M. falcata* x *sativa* (siehe S. 83).

Biotop Lebensraum, Lebensstätte; ↗ Standort.

Blume Begriff der Blütenbiologie (Bestäubungsökologie); eine Blume ist der Teil der Pflanze, der auf den Bestäuber als Einheit wirkt, also eine Einzelblüte (Abb. S. 112) oder auch ein Blütenstand wie z. B. bei Doldengewächsen (Apiaceae) und Korbblütlern (Asteraceae, Abb. S. 150); vgl. Lippenblume (S. 36), Gleitfallenblume (S. 37) und Täuschblume (S. 38); vgl. Blüte.

Blüte im Unterschied zu ↗ Blume ein morphologischer Begriff; besteht normalerweise aus einer sterilen Hülle (Kelch und Krone) und den generativen Organen (Staubblättern und Fruchtblättern); von dem Grundschema gibt es zahlreiche Abwandlungen, z. B. Blüten mit reduzierter Hülle (Abb. S. 154) oder eingeschlechtige Blüten (Abb. S. 33).

Evolution Entwicklung; Abstammung der Pflanzen und Tiere von gemeinsamen Vorfahren.

Faktoren, abiotische/biotische Die an einem ↗ Standort wirkenden Faktoren werden unterteilt in solche der unbelebten Natur (physikalische und chemische Faktoren) und der belebten Natur (Tiere und Pflanzen).

Fettwiesen und -weiden (*Arrhenatherion* und *Cynosurion*) Grünland auf trockenen bis feuchten, gut gedüngten Standorten; namengebende Arten: Glatthafer (*Arrhenatherum elatius*) und Kammgras (*Cynosurus cristatus*).

Flora Gesamtheit der in einem Gebiet vorhandenen Arten; davon ist Floristik (sowie Florist, floristisch) abgeleitet: Zweig der Botanik, der die Flora erforscht (Floristik wird auch für einen Zweig der Gärtnerei benutzt: Blumenzüchtung); vgl. Vegetation.

Fundort (oder Wuchsort) geographische Begriffe: der durch seine geographische Lage definierte Ort, an dem eine Pflanze wächst; vgl. Standort.

Geophyt (Kryptophyt, Erdpflanze) Pflanzen mit Erneuerungsknospen für das kommende Jahr im Boden (Schutz gegen ungünstige Umweltbedingungen); hierher Pflanzen mit Zwiebeln (Abb. S. 127), Knollen (Abb. S. 91), Rhizomen (Abb. S. 148) und Wurzelknospen.

Habitus Erscheinungsbild einer Pflanze, äußere Gestalt.

Halbtrockenrasen (*Mesobromion*) magere Wiesen und Weiden an kalkhaltigen, trockenen, nicht gedüngten Standorten; namengebende Art: Aufrechte Trespe (*Bromus erectus*).

Höhenstufen Vegetationsstufen mit charakteristischer Artenzusammensetzung in den Bergländern; entstehen durch die verschiedenen ökologischen Ansprüche der Arten; in Mitteleuropa werden gewöhnlich unterschieden (von unten nach oben): planar, kollin, submontan, montan, hochmontan (oreal), subalpin, alpin, subnival, nival.

mediterran pflanzengeographischer Begriff; bezeichnet ein Gebiet mit charakteristischer Vegetation, eine der Leitarten ist der Ölbaum (*Olea europaea*); das Gebiet umfaßt die Küstenlandschaften des Mittelmeergebiets, wo trockene heiße Sommer mit milden regnerischen Wintern abwechseln.

Naturraum ein Gebiet (Landschaftsteil), das nach natürlichen

Gesichtspunkten abgegrenzt ist, nach Geologie, Klima und Vegetation.

Neophyten (Neueingebürgerte) ↗ adventive Arten, die in der Neuzeit in der heimischen Flora eingebürgert sind; vgl. Archaeophyten.

Nomenklatur wissenschaftliche Namengebung (siehe S. 172); die Grundprinzipien sind die Priorität (für eine Art ist immer der zuerst beschriebene Name gültig) und die Typenmethode (jeder Name ist an ein bestimmtes konserviertes Exemplar gebunden, den Typus, und damit eindeutig festgelegt).

Ökologie Lehre von den Beziehungen zwischen den Lebewesen und ihrer Umwelt; ökologische Faktoren: ↗ Faktoren, ↗ Standort.

Phylogenie Lehre von der Stammesentwicklung.

Physiologie Lehre von den Lebensvorgängen in den Organismen.

Population Bevölkerung; die an einem Fundort wachsenden Individuen einer Art.

Standort (oder Standortsbedingungen) ökologische Begriffe: die Gesamtheit der ↗ Faktoren, die an einem Ort auf die Pflanze oder Pflanzengemeinschaft einwirken; vgl. Fundort.

synanthrop ökologisch definierter Status-Begriff, bezieht sich auf den Standort; ein Vorkommen ist synanthrop, wenn es ↗ anthropogenen Ursprungs ist; hierher gehören definitionsgemäß alle Nichteinheimischen (siehe S. 124), aber auch Einheimische an Standorten, die der Mensch geschaffen hat (Beispiel: die Brennessel (Urtica dioica), ursprünglich in Auwäldern, synanthrop in vielen anderen Biotopen).

Variante allgemeine Bezeichnung für abweichende Formen einer Art, keine taxonomische Rangstufe (siehe S. 171) und daher nicht den Regeln der ↗ Nomenklatur unterworfen; Variante wird heute vielfach anstelle der früher gebräuchlichen Rangstufen Varietät (var.) und Form (f.) benutzt.

Vegetation Gesamtheit der in einem Gebiet vorhandenen Pflanzen bzw. Pflanzengemeinschaften; vgl. Flora.

Wuchsort ↗ Fundort

Zeigerart Arten, die auf bestimmte ökologische ↗ Faktoren empfindlich reagieren; ihr Vorkommen an einem Standort ist daher ein Hinweis auf die Wirkung des entsprechenden Faktors; es gibt z. B. Zeiger für Böden (siehe Abb. S. 162), für Bewirtschaftungsformen (siehe Abb. S. 143, 145 und 166) und für Jahreszeiten (siehe S. 52f.).

Anhang

Adressen

Botanisch Interessierte sind in zahlreichen Gesellschaften und Arbeitskreisen tätig. Viele dieser Interessengruppen haben den Status von Vereinen, andere bestehen informell, sind deshalb aber nicht weniger aktiv. Eine Auswahl von Anschriften soll es ermöglichen, Kontakt aufzunehmen. Berücksichtigt sind in erster Linie solche Interessengruppen, die sich ganz oder doch wenigstens zum Teil der Botanik verschrieben haben. Neben diesen gibt es noch eine ganze Reihe kleinerer Arbeitsgruppen und aktiver Einzelner, die hier nicht genannt werden können; sie sind aber, zumindest der größere Teil von ihnen, über die angegebenen Kontakte zu erfragen.

Floristische Kartierung

Die nachfolgend aufgeführten Zentralstellen vermitteln den Kontakt zu den Regionalstellen, diese wiederum können Auskunft geben, ob es im engeren Umkreis des Wohnorts andere floristisch Interessierte gibt, mit denen eine Zusammenarbeit möglich ist.

Kartierung der Flora Mitteleuropas

Bundesrepublik Deutschland

Zentralstelle für die floristische Kartierung Westdeutschlands (Bereich Nord) Untere Karspüle 2, 3400 Göttingen

(Bereich Süd) Botanisches Institut, Postfach 397, 8400 Regensburg

Österreich

Zentralstelle für Florenkartierung am Institut für Botanik, Rennweg 14, 1030 Wien

Schweiz

Zentralstelle der Kartierung der Schweizer Flora, Systematisch-Geobotanisches Institut, Altenbergrain 21, 3013 Bern

Kartierung der Flora von Europa

Committee for Mapping the Flora of Europe, Department of Botany, University, Unioninkatu 44, 00170 Helsinki

OPTIMA-Projekt »Kartierung der mediterranen Orchideen«

Sekretariat, Stuttgarter Str. 17, 7030 Böblingen (c/o H. Baumann)

Phänologische Beobachtungsdienste

Wer nähere Informationen zur Arbeitsweise der phänologischen Netze haben möchte oder wer selbst mitarbeiten will, kann sich an die folgenden Institutionen wenden:

Zentralamt des deutschen Wetterdienstes, Frankfurter Str. 135, 6050 Offenbach

Schweizerische Meteorologische Zentralanstalt, Krähbühlstr. 58, 8044 Zürich

Zentralanstalt für Meteorologie und Geodynamik, Hohe Warte 38, 1190 Wien

Gesellschaften und Arbeitskreise
Neben überwiegend botanisch orientierten sind hier auch solche Interessengruppen genannt, die sich mehr im Naturschutz (Arten- und Biotopschutz) engagieren, zumal keine scharfe Trennung möglich ist. Auf Gruppen, deren Interesse auf den Umweltschutz allgemein gerichtet ist, wird auf S. 181 hingewiesen.

Bundesrepublik

überregional

Verein Naturschutzpark, Ballindamm 2/3, 2000 Hamburg 1

Floristisch-Soziologische Arbeitsgemeinschaft, Untere Karspüle 2, 3400 Göttingen

Gesellschaft für Ökologie, Untere Karspüle 2, 3400 Göttingen

Stiftung zum Schutze gefährdeter Pflanzen, Kalkuhlstr. 24, 5300 Bonn 3

Deutscher Naturschutzring, Postfach 32 02 10, 5300 Bonn 3

Verein zum Schutz der Bergwelt, Praterinsel 5, 8000 München 22

Hier anzuschließen ist ferner die:

Bundesforschungsanstalt für Naturschutz und Landschaftsökologie, Konstantinstr. 110, 5300 Bonn 2

Schleswig-Holstein und Hamburg

Botanischer Verein zu Hamburg, Op de Elg 19a, 2000 Hamburg 65

Arbeitsgemeinschaft Geobotanik in Schleswig-Holstein und Hamburg, Neue Universität, Biologiezentrum, N 41 a, 2300 Kiel 1

Niedersachsen und Bremen

Naturwissenschaftlicher Verein für das Fürstentum Lüneburg von 1851, Wilschenbrucher Weg 61 A, 2120 Lüneburg

Naturwissenschaftlicher Verein zu Bremen, Botanischer Arbeitskreis, Übersee-Museum, Bahnhofsplatz 13, 2800 Bremen 1 (c/o H. Kuhbier)

Biologische Schutzgemeinschaft Hunte Weser-Ems, Georg-Droste-Str. 14, 2906 Wardenburg

Naturforschende Gesellschaft zu Emden von 1814, Hinter dem Rahmen 5 B, 2970 Emden

Naturhistorische Gesellschaft Hannover, Stilleweg 2, 3000 Hannover 51

Naturwissenschaftlicher Verein Osnabrück, Heger-Tor-Wall 27, 4500 Osnabrück

Berlin (West)

Berliner Botanischer Verein, Königin-Luise-Str. 6–8, 1000 Berlin 33

Nordrhein-Westfalen

Naturkundlicher Verein Egge-Weser, Ansgarstr. 19, 3470 Höxter (c/o K. Preywisch)

Verein Linker Niederrhein, Karlsplatz 14, 4150 Krefeld

Anhang

Westfälischer naturwissenschaftlicher Verein, Westfälisches Museum für Naturkunde, Sentruper Str. 285, 4400 Münster

Naturwissenschaftlicher Verein für Bielefeld und Umgebung, Kreuzstr. 38, 4800 Bielefeld 1

Naturwissenschaftlicher und Historischer Verein für das Land Lippe, Gartenstr. 20, 4930 Detmold (c/o G. Engelbert)

Naturhistorischer Verein der Rheinlande und Westfalens, Adenauerallee 162, 5300 Bonn

Naturwissenschaftlicher Verein Wuppertal, Fuhlrott-Museum, Auer Schulstr. 20, 5600 Wuppertal

Naturwissenschaftliche Vereinigung, Scharnhorststr. 10, 5880 Lüdenscheid (c/o Brückner)

Hessen

Philippi-Gesellschaft, Naturkundemuseum im Ottoneum, Steinweg 2, 3500 Kassel 1

Senckenbergische Naturforschende Gesellschaft, Senckenberganlage 25, 6000 Frankfurt 1

Offenbacher Verein für Naturkunde, Parkstr. 60, 6050 Offenbach (c/o W. Wittenberger)

Naturwissenschaftlicher Verein Darmstadt, Institut für Naturschutz, Havelstr. 7, 6100 Darmstadt

Nassauischer Verein für Naturkunde, Hessische Landesbibliothek, Rheinstr. 55/57, 6200 Wiesbaden

Oberhessische Gesellschaft für Natur- und Heilkunde, Naturwissenschaftliche Abteilung, Sekretariat, Universitätsbibliothek, 6300 Gießen

Botanische Vereinigung für Naturschutz in Hessen, Wetzlarer Str. 16, 6335 Lahnau 3

Verein für Naturkunde in Osthessen, Langebrückenstr. 14, 6400 Fulda (c/o H.-H. Schwarz, Abwasserverband Fulda)

Wetterauische Gesellschaft für die gesamte Naturkunde zu Hanau a. M., Schloßplatz 2, 6450 Hanau 1

Rheinland-Pfalz und Saargebiet

Delattinia – Arbeitsgemeinschaft für tier- und pflanzengeographische Heimatforschung im Saarland, Lehrstuhl für Biogeographie, Universität, 6600 Saarbrükken

Pollichia – Verein für Naturforschung und Landespflege – (mit Ortsgruppen!), Pfalz-Museum für Naturkunde, Hermann-Schäfer-Str. 17, 6702 Bad Dürkheim

Baden-Württemberg

Gesellschaft für Naturkunde in Württemberg, Schloß Rosenstein, 7000 Stuttgart 1

Naturkundeverein Schwäbisch Gmünd, Johannisplatz 3 im Prediger, 7070 Schwäbisch Gmünd

Botanischer Zirkel Stuttgart, Staatliches Museum für Naturkunde, Arsenalplatz 3, 7140 Ludwigsburg (c/o O. Sebald)

Deutscher Naturkundeverein, Bezirksverein Stuttgart, Asternweg 2, 7302 Ostfildern 1

Bund Naturschutz Alb-Neckar, Lederstr. 86, 7410 Reutlingen 1

Naturwissenschaftlicher Verein Karlsruhe, Landessammlungen für Naturkunde, Erbprinzenstr. 13, 7500 Karlsruhe 1

Badischer Landesverein für Naturkunde und Naturschutz, Museum für Naturkunde, Gerberau 32, 7800 Freiburg

Verein für Naturwissenschaft und Mathematik in Ulm, Wilhelm-Leuschner-Str. 12, 7900 Ulm (c/o W. Bürgers)

Botanischer Zirkel, Dr.-Karl-Thomae-GmbH, Postfach 720, 7950 Biberach (c/o H. E. Laux)

Arbeitsgemeinschaft Naturschutz Bodensee, Auf der Halde 20, 7996 Meckenbeuren

Bayern

Bayerische Botanische Gesellschaft, Menzinger Str. 67, 8000 München 19

Bund Naturschutz in Bayern (mit Kreisgruppen!), Schönfeldstr. 8, 8000 München 22

Akademie für Naturschutz und Landschaftspflege (ANL), Postfach 1261, 8229 Laufen

Naturwissenschaftlicher Verein Landshut, Stadtresidenz, Altstadt 79, 8300 Landshut

Regensburgische Botanische Gesellschaft, Waldstr. 46, 8411 Sinzing (c/o A. Bresinsky)

Naturhistorische Gesellschaft, Botanische Abteilung, Luitpoldhaus, Gewerbemuseumsplatz 4, 8500 Nürnberg

Naturforschende Gesellschaft Bamberg, Bergstr. 14, 8602 Viereth-Trunstadt (c/o E. Unger)

Naturwissenschaftlicher Verein Würzburg, Crevennastr. 10, 8700 Würzburg (c/o D. Uhlich)

Naturwissenschaftlicher Verein Aschaffenburg, Aschaffstr. 48, 8750 Aschaffenburg (c/o H.-J. Mühlig)

Naturforschende Gesellschaft Augsburg, Vogelmauer 33, 8900 Augsburg

Naturwissenschaftlicher Arbeitskreis Kempten, Volkshochschule, Kleiner Kornhausplatz 1, 8960 Kempten

Schweiz

Die Mehrzahl der naturforschenden Gesellschaften sind zusammengeschlossen in der:

Schweizerischen Naturforschenden Gesellschaft (SNG) Hirschgraben 11, 3001 Bern.

Anhang

Zu dieser gehören einerseits die Fachgesellschaften; für den an Pflanzen Interessierten kommt in Frage:

Schweizerische Botanische Gesellschaft, Institut de botanique, Chemin de Chantemerle 22, 2000 Neuchâtel (c/o Ph. Küpfer);

sowie andererseits die kantonalen (für alle Kantone außer Nidwalden, Obwalden und Zug) und die regionalen Gesellschaften (Biel, Davos, Engadin, Oberwallis, Thun und Winterthur).

Auskünfte über die Anschriften erteilt der Dachverband (SNG) in Bern.

Weitere Gesellschaften, die nicht zur SNG gehören, sind:

Basler Botanische Gesellschaft, Postfach, 4020 Basel

Zürcher Botanische Gesellschaft, Institut für allgemeine Botanik ETH, ETH-Zentrum, 8092 Zürich (c/o A. Wiemken)

Botanischer Zirkel St. Gallen, Botanischer Garten, Stephanshornstr. 4, 9016 St. Gallen

Schweizerischer Bund für Naturschutz, Wartenbergstr. 22, 4020 Basel

Österreich

Zoologisch-Botanische Gesellschaft, Floristisch-Geobotanische Arbeitsgemeinschaft, Naturhistorisches Museum, Botanische Abteilung, Burgring 7, 1014 Wien (c/o A. Polatschek)

Botanische Arbeitsgemeinschaft am oberösterreichischen Landesmuseum, Museumstr. 14, 4010 Linz

Naturwissenschaftliche Arbeitsgemeinschaft am Haus der Natur, Botanische Fachgruppe, Botanisches Institut, Freisaalweg 16, 5010 Salzburg

Österreichischer Naturschutzbund, Haus der Natur, Museumsplatz 5, 5020 Salzburg (mit Landesgruppen!)

Entomologische und botanische Arbeitsgemeinschaft am Tiroler Landesmuseum Ferdinandeum, Zeughaus, Zeughausgasse 1, 6020 Innsbruck

Naturwissenschaftlich-medizinischer Verein in Innsbruck, Universitätsstr. 4, 6020 Innsbruck

Landesmuseum, Museumgasse 5, 7001 Eisenstadt

Floristisch-Geobotanische Arbeitsgemeinschaft, Institut für Umweltwissenschaften und Naturschutz, Heinrichstr. 5, 8010 Graz

Naturwissenschaftlicher Verein für Steiermark, Landesmuseum Joanneum, Raubergasse 10, 8010 Graz

Naturwissenschaftlicher Verein für Kärnten, Museumgasse 2, 9010 Klagenfurt

Gruppen mit spezieller Zielsetzung

Orchideen

Arbeitskreise »Heimische Orchideen« (AHO):

Schleswig-Holstein: Achterkamp 103, 2300 Kiel (c/o F. Reinecke)

Südniedersachsen: Fliederweg 1, 3406 Bovenden-Eddigehausen (c/o H. Kretschmar)

Hessen: Am Weihergraben 5, 6450 Hanau am Main

Rheinland-Pfalz: Raiffeisenstr. 10, 5449 Pfalzfeld (c/o J. Schierenbeck)

Baden-Württemberg: Stuttgarter Str. 17, 7030 Böblingen (c/o H. Baumann)

Unterfranken: Friedrich-Spee-Str. 28, 8706 Höchberg (c/o F. Rudolph)

Nordbayern: Sandstr. 5, 8521 Poxdorf (c/o H.-D. Kühn)

Südbayern: Mozartstr. 16, 8920 Schongau (c/o A. Gößmann)

Deutsche Orchideen-Gesellschaft, Arndtstr. 8, 2724 Gottrum (c/o L. Thielmann)

Schweizerische Orchideengesellschaft, Einheimische Orchideen, Obermattstr. 75, 8330 Pfäffikon (c/o W. Schmid)

Österreichische Orchideen-Gesellschaft, Kärntnerstr. 28, 1010 Wien (c/o I. Seethaler); darin die: Wiener-Niederösterreichische Arbeitsgemeinschaft für heimische Orchideen, Haydngasse 29/9, 2340 Mödling (c/o W. Vöth)

Bäume und Sträucher

Deutsche Dendrologische Gesellschaft, Hawstr. 28, 5500 Trier

Schweizerische Dendrologische Gesellschaft, Wiesenstr. 66, 3014 Bern (c/o Ch. Wicki)

Weitere Hinweise

Außer in den vorgenannten Gruppen kann man Gleichgesinnte gelegentlich auch in anderen Vereinigungen und Institutionen treffen; hingewiesen sei z. B. auf: Volkshochschulen, botanische Gärten, Naturkundemuseen, Alpenverein, Bergwacht, Naturfreunde.

Die Broschüre »Bürger im Umweltschutz« enthält auf über 300 Seiten die Adressen nichtstaatlicher Organisationen und Bürgerinitiativen in der Bundesrepublik, die im Umweltschutz tätig sind; Bezug beim Umweltbundesamt, Bismarckplatz 1, 1000 Berlin 33. Das Amt gibt auch ein umfassendes »Behördenverzeichnis Umwelt« heraus und erteilt Auskunft über die zuständigen Behörden des Bundes und der Länder.

Anhang

Literatur

Bestimmungsbücher

1. Bestimmungsfloren

Binz, A.: Schul- und Exkursionsflora für die Schweiz mit Berücksichtigung der Grenzgebiete. 17. Aufl. Schwabe, Basel 1980. 422 S.

Garcke, A.: Illustrierte Flora. Deutschland und angrenzende Gebiete. 23. völlig neu bearb. Aufl. Paul Parey, Berlin 1972. 1627 S.

Hess, H. E., Landolt, E. und Hirzel, R.: Bestimmungsschlüssel zur Flora der Schweiz und angrenzende Gebiete. Birkhäuser, Basel 1976. 657 S.

Rothmaler, W.: Exkursionsflora für die Gebiete der DDR und die BRD. 4. erg. u. bearb. Aufl. Kritischer Band. Volk und Wissen, Berlin 1976. 811 S.

Schmeil, O. und Fitschen, J.: Flora von Deutschland und seinen angrenzenden Gebieten. 87. völlig überarb. u. erw. Aufl. Quelle & Meyer, Heidelberg 1982. 606 S.

Thommen, E.: Taschenatlas der Schweizer Flora mit Berücksichtigung der ausländischen Nachbarschaft. 5. Aufl. Birkhäuser, Basel 1973. 303 S.

2. Bestimmungsbücher mit farbigen Abbildungen

Fitter, R., Fitter, A. und Blamey, M.: Pareys Blumenbuch. Paul Parey, Hamburg 1975. 336 S.

Polunin, O.: Pflanzen Europas. 3. Aufl. BLV, München 1977. 554 S.

Schacht, W.: Blumen Europas. Paul Parey, Berlin 1976. 203 S.

Schauer, Th. und Caspari, C.: Der große BLV-Pflanzenführer. 3. neu bearb. u. erw. Aufl. BLV, München 1982. 463 S.

Schauer, Th. und Caspari, C.: Farbige Pflanzenwelt. BLV, München 1983. 224 S.

Weymar, H.: Lernt Pflanzen kennen. 4. Aufl. Ferdinand Enke, Stuttgart 1981. 572 S.

3. Bestimmungsbücher für bestimmte Pflanzengruppen (z. T. mit farbigen Abbildungen)

Christiansen, M. S. und Hancke, V.: Gräser. Über 180 Süßgräser, Sauergräser und Binsen Mittel- und Nordeuropas – davon 147 farbig abgebildet. 2. Aufl. BLV, München 1983. 176 S.

Fitschen, J. und Boerner, F.: Gehölzflora. 6. Aufl. Quelle & Meyer, Heidelberg 1977. 396 S.

Godet, J.-D.: Knospen und Zweige der einheimischen Baum- und Straucharten. Arboris, Bern 1983. 431 S.

Hubbard, C. E.: Gräser. Beschreibung, Verbreitung, Verwendung. Eugen Ulmer, Stuttgart 1973. 461 S. (Uni-Taschenbücher 233).

Jahns, H. M.: Farne, Moose, Flechten Mittel-, Nord- und Westeuropas. 2. durchges. Aufl. BLV, München 1982. 256 S.

Klapp, E.: Taschenbuch der Gräser. Erkennung und Bestimmung, Standort und Vergesellschaftung, Bewertung und Verwendung. 10. Aufl. Paul Parey, Berlin 1974. 260 S.

Klapp, E. und Boeker, P.: Gräserbestimmungsschlüssel. 2. neu bearb. u. erg. Aufl. Paul Parey, Berlin 1978. 57 S.

Krüssmann, G.: Die Bäume Europas. 2. Aufl. Paul Parey, Berlin 1979. 172 S.

Polunin, O.: Bäume und Sträucher Europas. 2. Aufl. BLV, München 1980. 208 S.

Quartier, A.: Bäume und Sträucher. Die europäischen Bäume und Sträucher erkennen an Blüte, Blatt, Frucht und Rinde. 3. Aufl. BLV, München 1978. 260 S.

Sundermann, H.: Europäische und mediterrane Orchideen. 3. erw. u. verb. Aufl. Kurt Schmersow, Hildesheim 1980. 279 S.

Williams, J. G., Williams, A. E. und Arlott, N.: Orchideen Europas mit Nordafrika und Kleinasien. BLV, München 1979. 176 S.

4. Alpenpflanzen

Favarger, C. und Robert, P.-A.: Alpenflora. 1. Teil. Hochalpine Stufe. 2. Aufl. Kümmerly & Frey, Bern 1958. 280 S. – 2. Teil. Subalpine Stufe. 1959. 304 S.

Hegi, G., Merxmüller, H. und Reisigl, H.: Alpenflora. 25. Aufl. Paul Parey, Berlin 1977. 194 S.

Lippert, W.: Fotoatlas der Alpenblumen. Gräfe & Unzer, München 1981. 260 S.

Pitschmann, H., Reisigl, H. und Schiechtl, H.: Flora der Südalpen. Vom Gardasee zum Comersee. 2. erg. Aufl. Gustav Fischer, Stuttgart 1965. 299 S.

Schauer, Th. und Caspari, C.: Pflanzen- und Tierwelt der Alpen. 3. Aufl. BLV, München. 1978

5. Große Standardwerke

Flora Europaea (Hrsg. T. G. Tutin u. a.). Cambridge University Press, Cambridge 1964–1980. 5 Bände.

Hegi, G.: Illustrierte Flora von Mitteleuropa. 1. Aufl. 1906–1931. 2. Aufl. ab 1936, nicht abgeschlossen. 3. Aufl. ab 1966, nicht abgeschlossen (Paul Parey, Hamburg). 7 Bände, z. T. mit mehreren Teilbänden.

Hess, H. E., Landolt, E. und Hirzel, R.: Flora der Schweiz und angrenzende Gebiete. Birkhäuser, Basel 1967–1972. 3 Bände.

Anhang

Pflanzensystematik

Heywood, V. H.: Taxonomie der Pflanzen. Gustav Fischer, Stuttgart 1971. 112 S.

Weberling, F. und Schwantes, H. O.: Pflanzensystematik. Einführung in die systematische Botanik. 4. durchges. Aufl. Eugen Ulmer, Stuttgart 1981. 395 S. (Uni-Taschenbücher 62).

Beobachtungen im Feld

Haller, B. und Probst, W.: Botanische Exkursionen. Band I. Exkursionen im Winterhalbjahr. Band II. Exkursionen im Sommerhalbjahr. Gustav Fischer, Stuttgart 1979 und 1981. 188 und 249 S.

Kugler, H.: Blütenökologie. 2. neu bearb. u. erw. Aufl. Gustav Fischer, Stuttgart 1970. 345 S.

Müller, P.: Verbreitungsbiologie der Blütenpflanzen. 2. neu bearb. u. erg. Aufl. Geobot. Inst. Rübel, Zürich 1977.

Phänologische Beobachtungen

Seyfert, F.: Phänologie. A. Ziemsen, Wittenberg 1960. 103 S. (Neue Brehm-Bücherei 255).

Seyfert, F.: Anleitung zur Durchführung phänologischer Beobachtungen. 3. neu bearb. Aufl. Akademie, Berlin 1959. 160 S.

Witterstein, F.: Bedeutung und Aufgaben des phänologischen Dienstes. 2. verb. Aufl. Deutscher Wetterdienst, Offenbach 1978. 22 S.

Fotografie

Bechtel, H.: Naturfotografie. Eugen Ulmer, Stuttgart 1979. 240 S.

Jung, A.: Pflanzenphotographie. Paul Parey, Berlin 1982. 156 S.

Herbartechnik

Natho, G. und Natho, I.: Herbartechnik. 3. erw. Aufl. A. Ziemsen, Wittenberg 1964. 88 S.

Stehli, G. und Brünner, G.: Pflanzensammeln – aber richtig. 10. überarb. Aufl. Kosmos, Stuttgart 1981. 130 S.

Vegetationsaufnahmen und Vegetationskunde

Ellenberg, H.: Zeigerwerte der Gefäßpflanzen Mitteleuropas. 2. Aufl. Goltze, Göttingen 1979. 122 S. (Scripta geobotanica 9).

Ellenberg, H.: Vegetation Mitteleuropas mit den Alpen. 3. verb. Aufl. Eugen Ulmer, Stuttgart 1982. 989 S.

Knapp, R.: Einführung in die Pflanzensoziologie. 3. völlig neu bearb. Aufl. Eugen Ulmer, Stuttgart 1971. 388 S.

Oberdorfer, E.: Pflanzensoziologische Exkursionsflora. 4. überarb. u. erw. Aufl. Eugen Ulmer, Stuttgart 1979. 997 S.

Runge, F.: Die Pflanzengesellschaften Mitteleuropas. 6./7. verb. u. verm. Aufl. Aschendorff, Münster 1980. 278 S.

Wilmanns, O.: Ökologische Pflanzensoziologie. 2. erw. Aufl. Quelle & Meyer, Heidelberg 1978. 351 S. (Uni-Taschenbücher 269).

Floristische Kartierung und Arealkunde

Ehrendorfer, F. (Hrsg.): Liste der Gefäßpflanzen Mitteleuropas. 2. erw. Aufl. Gustav Fischer, Stuttgart 1973. 318 S.

Straka, H.: Arealkunde. 2. neu bearb. Aufl. Eugen Ulmer, Stuttgart 1970. 478 S.

Naturschutz

Ausbringung von Wildpflanzen. Tagungsbericht 5/80, Akademie für Naturschutz und Landschaftspflege, Laufen 1981 (Adresse S. 179). 114 S.

Blab, J.: Rote Liste der gefährdeten Tiere und Pflanzen in der Bundesrepublik Deutschland. 2. Aufl. Kilda 1978. 68 S.

Landolt, E.: Geschützte Pflanzen in der Schweiz. 3. rev. Aufl. Schweiz. Bund für Naturschutz, Basel 1982. 215 S.

Weber, H. Ch.: Geschützte Pflanzen. Chr. Belser, Stuttgart 1982. 188 S.

Bibliographische Werke

Ewald, G.: Führer zur biologischen Fachliteratur. Gustav Fischer, Stuttgart 1973. 173 S. (Uni-Taschenbücher 211).

Hamann, U. und Wagenitz, G.: Bibliographie zur Flora von Mitteleuropa. 2. erg. Aufl. Paul Parey, Berlin 1977. 376 S.

Anhang

Register

Schräggestellte Zahlen verweisen auf Abbildungen

Anhang

BLV Naturführer
Wald und Forst
Pflanzen und Tiere nach Farbfotos bestimmen
Eckart Pott
BLV Naturführer
Bäume + Sträucher
Unsere wichtigsten Arten nach Farbfotos bestimmen
Kurt Harz
BLV Naturführer
Wolkenbilder-Wettervorhersage
Mit 103 Farbfotos von typischen Wettererscheinungen
Claus G. Keidel
BLV Naturführer
Heimische Pflanzen 2
Geschützte und andere seltene Blütenpflanzen
D. Seidel / W. Eisenreich
BLV Naturführer
Vögel
Unsere heimischen Vögel nach Farbfotos bestimmen
Walther Thiede
BLV Naturführer
Schmetterlinge
Unsere Tag- und Nachtfalter nach Farbfotos bestimmen
Wolfgang Dierl
BLV Naturführer
Pilze
Alle wichtigen Pilze nach Farbfotos bestimmen
Andreas Neuner
BLV Naturführer
Mineralien + Gesteine
Die wichtigsten Mineralien und Gesteine nach Farbfotos bestimmen
Walter Schumann
BLV Naturführer
Mein Hobby:
Steine sammeln
Was - wie - wo?
Walter Schumann
Doppelband
BLV Naturführer
Mein Hobby:
Vögel beobachten
Wie - wann - wo?
Einhard Bezzel
Doppelband